教育文化研究丛书

丁　钢　主编

国家出版基金项目
NATIONAL PUBLICATION FOUNDATION

毛毅静　王纾然　著

隐约有光

近代上海城市、社会性别与女性职业教育

教育科学出版社
·北京·

教育文化现象在学校教育、公共领域、日常生活和物质文化等方面的实际作用与意义的过程中，运用跨学科的前沿理论视野和多学科的研究方法，形成解释教育文化现象及存在方式的思想、观念和方法的知识生产活动，拓展教育研究的新领域、新方向与新路径。

"教育文化研究丛书"作为一套别具一格的致力于学术开拓的研究丛书，秉承以上研究宗旨，特别呈现了中国教育文化实践的多元形态与丰富内涵。丛书作为教育研究的一项文化行动，基于丰富的历史与现实的实践经验，以强烈的文化关切与强调文化路向的阐释方式，不仅体现了一种文化主体的自觉，还呈现了在理解与尊重本土教育的文化价值的基础上，对如何更为适宜地塑造新的自我的深度思考。

呈现在读者面前的这套"教育文化研究丛书"由九部著作构成。

丁钢所著的《可视的教育：一个图像教化传统》，以跨学科的视野和研究方法，透过对历史变迁中日常教育生活与艺术媒介形式之间关系的探究，将中国历史中的教化图像作为研究对象，通过村童与塾师的生活寓言、讲学方式与空间组构、屏风空间及叙事意向、男耕女织与社会道德契约和嵌入生活的对相杂字等研究议题，呈现了一个独具特色而源远流长的中国图像教化传统。教育图像渗透于生活各方面，给人以视觉感受。当它们反映日常生活、文化、思想和情感世界时，成为一种公共性的对话空间及嵌入生活的独具特色的教育方式。本研究为教育文化研究提供了别样的图像诠释与知识生产路径。

周勇所著的《小说与电影中的教育研究》，从对个体及社会影响很大的非学校教育领域的小说与电影入手，从教育文化研究等角度解读鲁迅、沈从文的经典小说，以及侯孝贤、王家卫、陈凯歌的著名电影作品，揭示其中蕴含的现实社会文化背景乃至日常生活中的教育问题，并为教育文化研究和教育社会学等理论研究贴近生活世界提供经验事实基础，拓展与更新教育理论界既有的刻画学校教育的小说与电影研究，为丰富教育文化研究等理论研究的视野与议题提供新的探索路径和范式参照，同时彰显了将电影及小说引入教育研究的学术价值。

总　序

　　我们为什么开展教育？这首先是一个文化的问题。教育活动作为文[化]传递与创造的核心，本质上呈现为一种文化现象，影响着民族的思想、[道]德、风俗、艺术乃至每一世代的认知图式，扎根于民族的文化处境与经[验]之中。教育文化研究建立在每个个体发展的基础之上，存在于对社会文[化]情境的理解之中，是对人们所处的教育生活予以倾听、理解和响应，[是对]日常教育行为和意义实践活动，以及历史与现实之间的教育文化实践[的发]生与变化做出反应的知识活动。

　　从这种认识出发，教育文化研究力图突破把文化分为器物、制度[与观]念三个层面的思维方式，基于不同的视域及语境去考察与探寻教育文[化现]象的发生发展，从关注宏观转向考察更广泛的基层社会生活与教育变[化，]将研究视野下移至更加细致多元的教育文化生活，深入更为细致而多[彩的]活生生的教育生活本身，书写更丰富的细节和实践经验，从而使一个[更为]广泛或更具整体性的教育文化理解建立在更为多元和更为丰富的经验[的]基础上，并使之得到勾勒与呈现。没有细致的、实证性的和个案的深[入研]究，阐释只能流于空泛。而教育文化研究也致力于打破专精化的学科[壁垒]及传统，以更开放的、不断自我反思的精神面对社会问题进行现实[的]寻求。

　　由此，教育文化研究者在探索、发现教育文化是如何再现、表[征、重]塑人们的社会生活、身份意识、道德与情感、观念与行动，以及揭[示]

　　葛孝亿所著的《学业：一个中国家族的教育生活史》，基于人类学田野工作和历史研究，主要运用历史文献、口述史与生活史等研究方法，收集了大量与毛氏家族有关的家族文献、地方史料与口述史料（尤其是教育方面的史料），在历史文献与口述史料交叉互证的基础上，讲述了中国南方内陆省份江西省吉安市郊区的一个家族性村落江头毛家村毛氏家族的历史故事，涉及家族的迁徙史、村落的日常生活、家族的教育观念和教育活动，以及经由教育带来的家族成员的职业变化、社会地位的升降等，并基于对这些事件的叙述，讨论了教育作为重要的文化动力机制，对家族成员的社会流动及个体生命的影响，以及这种流动对于家族结构特别是社会结构所产生的影响。

　　司洪昌所著的《中国县域学校分布与空间探析》，从空间视角描述中国基层学校的分布，将其放置于县域之中来描述与解释，尝试重述近代以来学校的空间分布趋向、学校分布内在的微观运行机制，通过具体而微地分析学校与人类聚落之间的关系，从理论上描述了胡焕庸线两侧的县域空间类型及其与学校空间布局的文化关联，也从现实出发，描述了特殊类型县域之海岛、飞地、乡镇、村落之中的学校空间分布，并基于具体情境分析影响学校分布的社会与文化因素，理解学校的空间分布，为教育研究提供一种新的空间视野以及政策制定研究的"空间维度"。

　　吴旻瑜所著的《安身立命：中国传统营造匠人的学习生活研究》，从教育文化研究的视角，以近世营造匠人为样本，切入"工匠"这个在传统中国数量庞大、地位重要但又往往为人所忽视的群体。作者走访苏州香山，拜访香山帮匠人后代，搜寻"样式雷"家族的遗迹，结合碑刻、史志、家谱、族规、实录等史料，并对比明清之际的中国士大夫和文艺复兴时期的欧洲知识分子对营造和建筑的不同参与方式，试图用一种"类型学"的方式进入营造匠艺内部，考察营造匠艺的范畴类型，还原中国近世匠人的学习生活。

　　王独慎所著的《身体、伦理与文化转型：清末民初修身教育的历史图景》，聚焦于清末民初（1904—1922 年）新式学校开设的"修身科"，力图透过修身教育的变迁呈现中国近代社会文化演变的内在脉络和历史图景。作者对"修身养性"和"修齐治平"的修身传统进行了理论梳理，继而在教育场域内部考察修身科与现代教育学科的建立、教学文化的转型之间的关系，揭示现代教育的特性；从修身教科书编撰者群体的特征、教科书中伦理谱系的变迁、身体操练与现代性身体的生成等侧面考察修身教育与社会文化的互动。这些不同面向不仅呈现了修身教育的演变历程，同时揭示了"修身"这一文化大传统是如何参与到中国现代文化建构中的。

毛毅静、王纾然所著的《隐约有光：近代上海城市、社会性别与女性职业教育》，将近代女性置于时代和社会嬗变的大背景下，研究新兴的城市公共空间中一群中间阶层女性的求学、就职的心路历程，以"非定向的记传式采访"的口述内容和原始档案还原部分真实历史，并从接受教育和从事职业的女性的主体视角描述女性的受教育过程和职业生涯，以及女性在教育中获得的社会认同和自我实现。同时，该书从妇女史学、文化研究的视野，考察迂回彷徨在闺门与职场内外的一代女性的生存位置与教育立场，为理解教育与女性的职业发展和自我实现之间的关系提供了可能。

陶阳所著的《生活濡化与知识演进：近代学人的早年学习生活图景》，运用个案深描和群体画像的历史叙事方式，呈现了一代知识分子早年的学习生活，探讨了早年所继承的文化遗产对个体文化生产的影响，涉及家宅和自然空间中的新旧知识和情感、学堂小社会中的师生交往、民间社会的礼仪和风俗，以及日常生活中的物件和身体感觉。这些异质性的文化符号和因素构成了个体早年学习生活五彩斑斓的景观，而从中所吸收的认知模式、情感结构、交往方式、文化心理与具身观念，则为个体的学术研究、文艺创作、社会行动、观念形塑等文化生产提供了重要的滋养。

樊洁所著的《性别图景与家庭想象：家政教育文化的近现代转型》，追溯了前现代中国的家政知识生产实践与性别职能的关系，分别从经济话语、媒介展演、知识体系与家庭观念重塑等多重维度，考察与呈现了近现代家政教育文化的转型过程，以及伴随这一过程的 20 世纪初中国性别图景与家庭想象的话语建构，阐明了家政教育何以嵌入知识分子寻求现代家国关系与性别职能的全新阐释途径中。本书认为，家政新知识通过为家庭性别角色提供现代性阐释方式实现了对女性职能的重构，家政教育文化的近现代转型与女性在家庭中获得新知识并形成"现代性自我"的过程密不可分，女性也由此成为促进中国社会文化现代嬗变的重要角色。

本丛书的出版得到了国家出版基金的资助以及教育科学出版社的鼎力支持，在此深表感谢。作为我国第一套教育文化研究丛书，其中的著作选题独特、方法新颖、理论前瞻，而且可读性强，反映了教育文化研究的最新成果，也体现了作者们对于教育文化研究的执著与不懈努力。然而，学无止境，探索依然在路上，诚邀更多志同道合的同人，共同推进教育文化的研究与繁荣。

丁钢

2023 年 2 月于沪上闲云斋

写在前面

19 世纪末，随着维新运动的开展，女学在中国兴起。之后几十年，中国女性走出闺阁，走向学校和职场，获得了独立和解放的可能，而这一变化在上海这一近代大都市尤为剧烈和多样。

本书所要探讨的，是学校与职场向女性打开之后，近代上海女性的教育生活与职业生涯是如何开展和演变的。我们通过描述和分析近代上海女性教育与职业生涯的图景，探讨在 20 世纪上半叶的变迁中，女性生活空间延展和人生轨迹改变的过程。本书讨论的主要是普通上海女性如何进入近代教育和近代职场，她们接受教育和从事职业的图景如何演变，以及教育如何作用于女性的职业生涯和自我实现的历程等问题。本书所涉及的时间以上海女子学校教育的发展为起点，截至中华人民共和国成立。本书所涉及的女性群体以占近代职业女性大多数的中下层女性为主，以探寻沉默的普通女性的教育和职业生涯。

本书正文部分除序章外共四章，第一章以城市与社会性别及女性教育的关系为主题，从更加广泛的意义上探讨近代上海女性社会性别和社会生活的变迁。近代上海政治、经济和文化的巨变，为女性提供了从家庭走向学校和职场的条件。不同时期、不同群体对女性的社会性别的不同解读，伴随着女性教育和职业生涯的始终。在这个过程中，女性与社会和城市之间产生了丰富的互动和牵绊。这些自觉不自觉、自愿不自愿的变革，构成了近代上海女性的教育生活和职业生涯的背景与底色。

城市的发展使女性教育和职业发生了明显的扩展。第二章至第四章以近代上海教育、商业、工业的发展和阶层的演变为背景，分别探究不同行业的广大普通女性的教育故事和职业生涯。

第二章的主要研究对象是作为职业教育者的女教师。教育行业是近代社会留给女性的比较宽容的职业空间，女性凭借其专业知识和性别特质在其中占有不可取代的地位。作为教师的女性所受教育的时间较长、体系较完整。她们的教育背景，使她们在选择自己的职业和规划人生的时候，呈现出比较专业和独立的样貌。同时，她们也面临着来自家庭和社会的压力与限制，今天的有些境况与之仍如出一辙。由于本书的研究对象主要是中下层的普通女性，该章的主要史料和论述围绕中等以下学校任教的女教师展开。

第三章试图表现随着新兴的城市、现代化的职业和全新的阶层而出现的女性职员的教育和职业样貌，包括新女红从业者、店员（招待员）、护士（助产士）、打字员、接线员、财会人员等。她们的教育经历复杂多样，既包含专业化的商业、医护等学校的培养，也包含入职之后的不同类型的培训和职后教育。她们活跃在百货公司、事务所、电话公司、医院甚至警署等城市新兴的公共空间，她们的教育和职业具有很强的实践性。与女教师相比，她们好比生活在这个城市的前台，因此也就更多地成为各种话语的主题。

第四章的主角是城市中最庞大的职业女性群体——纺织女工。从数量上说，纺织女工是近代上海产业女工甚至是产业工人的主体，她们的故事是一个教育、职业与自我意识的悖论：最古老的职业（上溯至女红的传统）、最少的学校教育、最长的职业生涯（大量纺织女工十几岁入职，1949 年之后仍在岗）、最突出的自我意识的觉醒。1949 年之前纺织女工艰苦的职业生活和困窘的教育状况，使她们成为推动社会巨变的最坚决的女性，她们最终彻底改写了自己的性别角色，这恰恰是前文论及的女性所不可能做到的。

本书使用的研究方法主要是叙事研究法和口述史的方法。在研究过程中，我们有选择地访谈了 14 位曾在 1949 年之前接受教育或工作的普通女性或她们的配偶，他们的职业有产业工人、教师、职员、医护人员、自由职业者等，他们的叙述可以生动地再现近代女性教育与职业生涯的几个片段和侧面。

本书试图在相关领域丰富的研究成果基础上，将近代女性置于时代和社会嬗变的大背景下，从接受教育和从事职业的女性的主体视角描述女性的教育过程和职业生涯，以第一手口述和原始档案还原部分真实历史，为理解教育与女性的职业发展和自我实现之间的相互作用提供一种新的可能。

近代上海普通女性教育与职业生涯的图景，是上海城市大历史和女性大历史的组成部分。它与城市和时代变迁相伴而生，又推动和改变着历史的轨迹。在近代上海女性教育与职业演变中，女性的社会性别和社会角色发生了彻底的转变。女性在教育中获得了社会的认同和自我的重塑，她们越来越深入地参与到教育过程中，找到了自己在教育中的位置。

在不同行业的女性中，教育与职业的关系迥异。教育与医疗行业是社会留给女性相对宽容的职业空间，为此进行的女性教育有比较强的专业性，教育与职业之间的联系十分直接而紧密。而对于在此之外的职业女性，教育与职业之间的关系并不是一一对应的。她们伴随城市职业生态近代化的过程出现，为近代上海提供了生动的职业样本。

教育对女性职业和女性自我发展的作用是多样化的。在近代上海这样一个新旧并存并急速变迁的都市里，女性在自我认知方面的矛盾与困惑表现得尤为集中。女性本身对自我的认同和认知在不断蜕变，女性自我意识在教育和职业场景中的唤醒是一个充满纠结的过程，但最终女性在社会转型中实现了自我救赎，逐步接近了女性对教育的自主权、对性别角色的主动权和对职业生涯的选择权。

目　　录
CONTENTS

序章

　　清道光三十年（1850 年），咸丰登基。随着清王朝日渐走上末路，传统中国也走向了历史的转折点。在广西桂平金田，洪秀全的军队暗潮涌动。在上海、宁波、广州、福州、厦门等地，欧美传教士和他们的夫人带着不能被普通人理解的教化目标，顶着怀疑的目光和耸人听闻的传言，走进了中国平民的生活。说着粤语的大批中国人涌向美国西部加入淘金潮，维多利亚时代的英国已然完成了工业革命成为世界工厂。来自广东香山的商人徐荣村正在他上海的丝栈里包装自己的"荣记湖丝"，次年，"荣记湖丝"在伦敦世界博览会上大获好评。

　　也是在 1850 年，上海开埠已约 7 年，取代广州成为全国最大、最重要的贸易港口。西方的物质文明在上海得到了接纳，租界成为上海城市的中心，上海从"小苏州"转变为英美外交战略上的必争之地，一个城市的传奇正在开始。经济结构的变化给上海的文明和教育带来了颠覆性的影响。由于上海所处的优越地理位置，以及商品经济发展形成的开放的社会心态，这个城市从被动接纳到主动交流，将传教士等群体带来的西方文化融入自身的教育体系，使上海近代教育带有重实业、重科技以及兼容并包的特质。

　　1850 年 4 月 15 日，年幼的咸丰帝登基后不久，美国公理会传教士裨治文与夫人格兰德女士（Eliza Gillette）在上海西白云观（今方斜路）创办裨文女塾，多方游说后招到约 20 名贫苦幼女免费入学。这是上海第一所教会女子学校，也是上海历史上第一所女子学堂。1883 年，川沙耶稣教牧师倪蕴山把女儿倪桂珍送进了裨文女塾。1887 年，倪桂珍毕业留校短暂任教后，与宋嘉树结婚，生育 6 个子女：霭龄、庆龄、子文、美龄、子良、子安。

中日甲午战争给中国上层社会知识分子带来了前所未有的痛苦和焦虑。以康有为、梁启超为代表的维新派重新定位性别角色和性别关系，将解决妇女问题作为新的民族国家建构中的一个重要部分。女性问题成为一个议题，摆在各位男性学者面前。维新派讨论他们自己正在面对的问题、恐惧、未知的矛盾以及他们前瞻性的设想。"教会所至，女塾接轨。"在中国近代教育史上，人们普遍认为 1844 年创办的宁波女塾是西方传教士在中国创办的第一所女子学堂。在 1847—1860 年的十多年时间里，各国教会在上海、天津、厦门等 5 个通商口岸创设了 11 所女子学校。就上海的情况而言，1861 年成立清心女学，1881 年成立上海圣玛利亚女校，1892 年成立中西女塾，等等。据 1877 年在上海举行的"在华基督教传教士大会"报告统计，在全国范围内，基督教教会办的女子学校有女日校 82 所、学生 1307 人，女寄宿学校 39 所、学生 794 人。1878—1879 年，天主教教会在江南一带设立的女校共计有 213 所、学生 2791 人。到 1902 年，教会学校学生总数为 10158 人，其中女生 4373 人，占 43.05%。女子学校在各地的设立已成燎原之势，而华人创办的女子学校却尚未出现。这一局面无形中对上海开明知识分子形成了某种"势迫"。其时，戊戌变法正在筹谋。女学和女性教育问题进入了维新派和更多国人的视野。

于是就有了 1898 年上海电报局局长经元善等人创办的经正女学（后更名为中国女学堂），这是上海第一所国人自办的女子学校。自此，中国沿海一带女学蔚然成风。1905 年，科举制度废除的同时，第一所教会女子大学——华北协和女子大学成立。1907 年，清政府颁布《奏定女子小学堂章程》及《奏定女子师范学堂章程》，中国女性教育从民办走向官办，取得了合法地位。继 1905 年岭南学堂接收部分女生同堂上课之后，1916 年，上海大同学院在建校四年后接纳女生入校，此后沪江大学、复旦大学均开女禁，女性一步步走进了男性的学校教育领地。

自新学兴起后，女学随着各种文化运动的开展而渐次成为男性对教育的理想和假设。这种试验性的做法导致女性并没有以一种平等的姿态走进"学校"这一传统男性场域。维新运动中的开明知识分子犹疑地为女性打开了学校的一扇侧门，但并未视女性为与男性有同样智识、可施以同等教化、可期以同等前景的教育对象。他们朦胧地意识到了受教育的女性对拯救这个古老贫弱帝国的意义，但这一意义是基于女性作为母亲在家庭中的教化作用而存在的。具备基本的道德和文化常识的女性，可以成为维新派心目中理想的国民之母，教育出理想的小国民。近代女性教育的初衷并不是促进女性本身的成长，其全部目的在于增进家庭和儿女的福祉，进而贡献于国家的未来。在维新派的蓝图中，女性几乎是作为实现其社会理想的工具存在于幕后的。在官方最初的教育章程中，女性教育到了小学堂阶段即戛然而止，为确保女性教育的安全和纯洁，再设女子师范学堂一类以供女子小学堂师资之需。维新派认为，一个略有知识的女子，即可宜室宜家、相夫教子，"过多"的教育既无必要也无益处。

然而受过教育的女性还是窥到了从后院走进社会的路径，这种从后台走向前台的过程是社会和教育带来的最直接的结果。女性因为教育而具备了职业的素养，具备了开启另一种生活方式的可能性。于是她们在踟蹰徘徊中抛开男性编好的剧本，或书写自己的故事，或改头换面成就另一种身份。

女性的成长、女性教育与女性职业蕴含着生动的话语和多样的视角。近年来受女性主义研究思潮的影响，关于女性教育与女性职业的研究成果颇为丰硕，众多研究者从不同学科角度所呈现出的多元视角和丰富史料，使这一领域的研究受到日益广泛的关注。

追溯中国近代女性教育的萌发可以看出，这并不是一个自然而然的发展过程，因为各种外力作用，女性教育的发展始终伴随着一种迫不得已与被动态势。晚清的上层知识分子提出以女性教育救国并自办女学，其中不可排除教会教育的渗入与教会女学兴起的逼迫。长期幽闭于家庭之中的女性，至少在女学出现的初期，并未在真正的群体意义上表现出对学校教育、职业生活和社会空间的主动追求。如秋瑾这般的先觉女性，在古老帝国风雨飘摇、传媒尚不发达的世纪之初，对女性的影响力并不像想象中那样广泛和深远。外国传教士和中国官绅向女性打开了校门，同时也修建了女学的围墙和女性教育的藩篱。在女性教育产生的时机和实施的主体两方面，女性本质上是不在场的。

早期有关女性教育和女性解放的声音大致也是不属于女性的。像对待一切新事物一样，"溢美"与"溢丑"两种倾向交织在一起。康有为、梁启超及其追随者和开明士绅们，把女性教育与民族存亡联系在一起。在他们为现代中国勾画的蓝图中，受过良好教育并在他们容许和规划的范围内参与社会活动的女性，是近乎神化的"国民之母"。而遗老们抱着"新的都是坏的"之朴拙先见，指责女性教育和受过教育的女性是诸恶之源，他们将聚集在女校门前围观的群氓、失业的男性视为女学带来的致命菌，视具有现代女性特征的女子为伤风败俗者。在迥异的观点之后，双方又都将自己置于国家和民族的高地上，喋喋于女性教育救国救民抑或是亡国亡种的争论之中。在精英知识分子关于现代中国的想象中，女性只是一个"他者"。教育的目的并非出于女性自身的发展需要，而是出于女性作为母亲的生理性别的职能。他们的作为在客观上唤醒和解放了女性新的社会性，其本心却是将女性作为需要小心使用的工具。

然而，女性的沉默和被动不会一直持续下去。在沉默的大多数之外也存在极少一部分先觉女性和精英女性。1904 年，吕碧城在《大公报》刊发长文《论提倡女学之宗旨》。吕碧城在文章中已明白道出："殊不知女权之兴，归宿爱国，非释放于礼法之范围，实欲释放其幽囚束缚之虐权。"吕碧城还系统地提出了创办女学的指导思想、德智体全面发展的思想和教学的管理办法等。此后，吕碧城又写了《敬告中国女同胞》《兴女权贵有坚忍之志》《教育为立国之本》等文章。

1904 年 10 月，在袁世凯和唐绍仪等人的协助下，吕碧城创立了北洋女子公学，成为津门盛事。吕碧城可被视为中国女子公学第一个女校长。

此后，我国逐渐形成了一个女校长群体，她们中大多数毕生从事女性教育和女性解放事业，发出了中国女性的响亮声音。

学校教育促成了女性接触社会的可能，教育的环境激发了女性进入职场和社会的愿望。这部分先开始接受教育的女性的自我意识开始觉醒。她们不再是维新派教育理想的载体，不再甘于沿着男性设计好的教育路线和人生路线走下去，教育目的和教育结果开始表现出尖锐的矛盾，她们和他们之间的冲突在校门内外开始爆发。从女性的视角、在性别冲突的背景下研究近代女性的教育与职业，可以更加显示出女性生命历程的特殊性和复杂性。

与此同时，由于时代变革为女性带来了在教育中的地位与发展，女性也开始获得在家庭之外场域的权利。近代女性尽管生活的空间不再囿于家庭，却仍无时不处于家庭的巨大影响和牵绊下。当把女性置于家庭、学校、职场三个交叉并存的场域中时，它们之间的相互碰撞就成为值得探究的话题。

近代中国的巨变造就了新的社会阶层，中间阶层女性的教育、职业历程和家庭生活是女性话题研究者热衷的领域之一。布尔迪厄（Bourdieu，1987）指出，惯习（habitus）即一定社会阶级的人们日常生活中的思想、行为所带有的特定倾向，因而惯习的产生过程也就是阶级形成的过程。米尔斯（Charles Wright Mills）更是因为中间阶层在生产关系和权力关系中的"模糊位置"，将中间阶层的生活方式看作其重要特征。中间阶层的社会地位和经济实力，使女性能够在观念上和现实上顺利进入学校教育，成为女校最具代表性的群体，且在走出校门后也能比较自然地过渡并停留在职场——至少在婚前没有退出。但却不能就此论定，中间阶层女性具有现代意义上的城市女性意识。她们是新兴的城市公共空间的庞大消费者，拥护现代化带来的一切舒适和便利，但也同时拥有或限于旧式女性的特质。研究她们对求学、就职的心态和选择，可以为近代女性研究提供生动的样本。

正如前文所述，社会史和教育史的研究逐渐从宏大叙事转向关注对生活史和个人经历的细微研究，同时观照个人生活所处的社会政治、经济、文化的宏观环境。以往对"大人物"的研究和关注的视角正在下移，市井和角落的人群以及他们所引出的话题受到越来越广泛的关注。

社会性别的研究是教育史可以深入挖掘的领域。长期在正史中沉默和缺席的女性，尤其是女性中占大多数的中下层女性，在教育和就职过程中的生态是如此丰富多样，但她们的声音在目前的研究中始终是一片模糊的背景音。因此，倾听普通女性的教育故事、探寻她们的职业生涯、重现近代社会女性追求受教育权和社会认同的过程，是本书的主要目标。

从学界对近代女性教育的研究现状看，其呈现以下几个特点：第一，综述类的研究多于专门领域的研究；第二，对教育活动的关注多于对受教育群体的关注；第三，对女性教育和女性职业发展倾向于分离而不是连续的研究；第四，较少探讨女性教育状况和从业状况改变对女性社会生活的意蕴；第五，较多关注作为群体的女性而少见个案；第六，较多关注社会资本优裕的女性而较少出现中间阶层或底层女性的声音。以上几个特点正好对应本书试图探索的几个问题。

第一，普通女性是如何进入近代教育和近代职场的？从维新派精英知识分子的"女国民"和"国民之母"的呼声开始，中国近代教育体系中出现了女性的一席之地，然而这个过程并没有像主导者设计的那样理想和顺畅，也没有完全按照他们的想象发展。女性作为群体被推进近代社会，在校园中和职场中获得自由行走的权利，是一个螺旋式的过程。中下层女性在教育史中长期以来作为一个数字存在，犹如照片中被虚化的背景，但这个庞大的群体是真实存在的，并且呈现着大多数女性的现实。

第二，近代女性接受教育和从事职业的图景是如何演变的？很难说大多数近代女性有着极强的自我教育的追求和独立的意识，某种程度上教育和职业对她们来说就像时髦的衣裳，既然大家都有我也不妨来一件。但女性的自我意识确实在进入社会生活的过程中不可抑制地被唤醒和发展，她们进入校园后不会止步于校园，不会满足于作为强国强民的工具，更不会集体隐入贤妻良母的角色。女性自己的声音和个性化的选择，与社会安排在她们身上的职能之间始终存在冲突与妥协的拉扯。

第三，教育是如何作用于女性的职业生涯和自我实现历程的？一个女性学者的学术关怀不仅应该是女性的，也应该是历史的。本书呈现了大量曾经"未载史册"的女性故事，找回女性的历史是我们的责任也是我们的义务。与女性进入教育和职场的轨迹一样，教育对女性的作用并不是单一和线性的。在近代纷繁的语境中，教育与女性的生命历程之间充满了迂回和暗流。更多的教育并不意味着更广阔的空间和更多样的未来，相反，有机会接受较正规和较长时间教育的中上层女性，往往会选择更为传统和保守的人生。同时，在非正规的教育体系中成长和试探的中下层女性，却往往成为更加坚决而独立的社会工作者甚至革命者。我们试图借由叙事还原历史的这一侧面，让沉默的大多数的职业女性群体发声，并且使她们真正成为"大历史"的组成部分。在这一过程中，教育扮演了怎样的角色？教育是如何作用于女性的职业生涯和自我实现的历程的？教育是否切实改变了女性的生命轨迹？它在女性自我成长过程中的核心价值是什么？这些命题都是值得一探究竟的。

女性接受教育、从事社会职业的终极指向是女性的自我觉醒和解放。女性受教育程度越高、经济地位越独立，解放程度一定越高吗？接受学术性教育的时间越长，职业生涯发展一定越顺畅吗？即使在今天的中国，我们仍不能对这两个问题给出肯定的答案。在近代上海，情况则更加复杂：短期速成的职业教育对女性从业的影响更加深远，受教育最少的产业工人成为革命的先驱……。这幅变幻的图景对研究者有莫大的吸引力。

一、近代上海成为史学界关注的焦点

随着对史料的不断挖掘和历史与教育研究方法的创新，"上海学"逐渐成为社会科学研究领域中的一个热门话题，海外汉学界和国内的学者群有关近代上海的著述颇丰。熊月之（2000a）认为20世纪的上海史研究，从总体上说可以分为两个时期、四个阶段。其中，两个时期以 1949 年为界标，前后各半个世纪。而每个时期又各分为两阶段，上半世纪以 1937 年为界，下半世纪则以 1978 年为界。

概览 20 世纪国内外史学界对近代上海史的研究历程，可以发现如下特点。

早在 20 世纪初，上海就出版了大批《上海指南》《上海宝鉴》之类的书，作者既有国内的文人学者，也有外国学者和来沪外籍友人。国内作者的著述秉承明清以来的笔记小说传统，搜集了有关上海城市生活各个方面的数据和史料，为后来的研究者提供了丰富的素材。其中，商务印书馆 1922 年出版的《上海指南》可谓集大成者，述及上海的地域变革、城市建设、人口、工商业、各类机构、社会团体以及园林景点等，并附有图片和各类章程、条例等文件。外国学者和外籍友人的著作多为介绍上海风土人情和旅游景点的读物，以及日记、通信文集等，带有猎奇的色彩。这一类著述大多未涉及上海城市经济和社会发展的深层领域，以记述和简介为主，读者群主要是本国士绅、文人、官员以及各国来沪商人、公使等。这类著述往往图文并茂，包含了众多颇有价值的细节史料，为后世各类上海史著作广泛征引。1937 年以后，出版的指南性著作仍然非常多，这也反映了当时社会对上海的浓厚兴趣。

至 20 世纪 20 年代，民族矛盾日益尖锐，收回租界的呼声大涨，关于租界的著述应运而生。王揖唐、夏晋麟分别撰写的《上海租界问题》，徐公肃、丘瑾璋的《上海公共租界制度》，阮笃成所著的《租界制度与上海公共租界》，均为其中有影响力的著作。此类著作历述上海租界的形成过程和历史沿革，分析中国租界与日本等国开商埠的异同，从历史和法理上呼吁废除租界制度，收回租界，维护国人权益。同期，英国人兰宁（George Lanning）[①]、

①　1875 年至 1889 年任上海英华书馆总教习，1890 年至 1907 年任上海西童公学校长，著有关于中国及上海的著作多种，其中以 2 卷本《上海史》最为著名。兰宁没有将该书完成便去世，该书后由库寿龄及其夫人续编，于 1921 年和 1923 年出版。

库寿龄（Samuel Couling）^①著的《上海史》和法国人梅朋（Charles B. Maybon）^②、傅立德（Jean Fredet）著的《上海法租界史》出版了。1928 年，时任圣约翰大学校长的卜舫济（Francis Lister Hawks Pott）^③出版了《上海简史》（*A Short History of Shanghai*），著述范围以公共租界为主，兼及法租界与华界，内容以政治事件为主，也涉及上海市政、教育、工业等情况（熊月之，2000a）。国外学者所著有关租界的著作，其立论从租界出发，翔实记载 19 世纪上海租界历史，特别是兰宁、库寿龄的《上海史》，资料极其扎实，有较高的学术价值，可与国内学者著作互相印证对比。

20 世纪 20 年代以租界为话题的一批上海史专著，使世界对上海的关注从一个通商口岸和出游目的地深入到历史、法律、政治、经济等领域，开始将上海置于世界经济和政治格局之下审视。

对上海专门史的研究几乎是与通史研究同步兴起的。20 世纪上半叶，上海专门史作者群以国外学者和长期居住上海的外籍友人为主。其中 1906 年出版的戴义思（Charles M. Dyce）所著的《上海模范租界居住三十年生活忆旧》（*Personal Reminiscences of Thirty Years' Residence in the Model Settlement Shanghai, 1870—1900*）和 1908 年出版的赖特（Arnold Wright）主编的《二十世纪香港、上海及中国其他商埠志》（*Twentieth Century Impressions of Hongkong, Shanghai, and other Treaty Ports of China: Their History, People, Commerce, Industries, and Resources*）影响较大。这些西人著述，用外来移民的眼光记述了 1870—1900 年西人在上海

---

① 英国浸礼会教士，汉学家，著有《中国百科全书》《新中国评论》等。1884 年来华在山东传教，1905 年至上海任亚洲文会名誉干事与编辑，1919 年代理上海麦伦书院院长，并获得法国儒莲汉学家纪念奖金，对甲骨文也有研究。兰宁去世之后受上海工部局聘用续编《上海史》。

② 毕业于法国巴黎中央工艺学校（Ecole Centrale des Arts et Manufactures），文学博士，曾任上海法租界公董局学校校长 9 年，1920 年至 1924 年任中法工商学院法方校长。

③ 美国人，1887 年来中国任圣约翰书院英文教师，从此开始在华半个多世纪的宣教生涯。1888 年出任圣约翰大学校长，注重以西方知识和方法培养中国新一代精英，主张全面引进西方，特别是美国的教育制度和教育内容，来改造中国的教育，与司徒雷登齐名。1947 年终老于上海。

工作、生活的情况。其中包括寓沪西人的住房样式、结构，西人老板与中国大班及其他职员的居住情况，西人与伺候他们的用人、苦力之间的关系，西人社交生活，等等。文本叙事的内容为研究者了解西人在上海的日常生活提供了许多细节性的、很有价值的资料。此外，这些介绍上海日常生活的书中附录大量图片，其中赖特的书中关于上海的章节有911幅图片，内有上海城墙、外滩公园、张园、工部局、外白渡桥、虹口菜场、静安寺路、各种西人与华人住宅等。这些书后成为各种上海史的著作和图片集广泛征引的一手文献（熊月之，2000a）。

1950年之后，西方学者对上海史的研究比较集中于政治和经济方面，文化方面也有一些著述（熊月之，2000a）。其中较有影响力的是美国学者墨菲（Rhoads Murphey）的《上海——现代中国的钥匙》，该书论述了从1843年开埠到1949年解放这一百多年上海城市发展、演变的历程，以宏大历史的写作手法将上海的演变放置于近代中国与世界的大背景下加以展开并考察（熊月之，2000b）。此研究是西方视角下另一个中国——上海的文化想象，这一研究对后20年西方对中国的研究起到了重要且关键的作用。① 很多西方学者甚至将早期上海等同于早期中国的现代性，将其视为一个东方帝国的符号象征加以研究和诠释，推出了一批西方视角下的上海研究成果。

中国学者对上海专门史的研究起步较晚，在较长一段时期内以史料整理为主。1946年，历经战乱的上海通志馆改组为上海市文献委员会，编写出版了《上海事物溯源》《上海外交史话》《上海城隍庙》《上海人口志

---

① 20世纪70年代，墨菲修正了自己的看法。他综合考察、分析了西方殖民主义者在亚洲许多殖民地城市的活动方式，包括加尔各答、巴达维亚、卡拉齐、孟买、新加坡、香港，认为殖民主义者在各地的活动目的、方式差不多，但由于各地政治、历史、文化等方面的差异很大，对西方的回应很不一样，可分中国、日本、印度和南亚等不同类型。他认为，西方在中国的影响，无论是经济、制度还是意识形态，无论是深度还是广度，都与印度不可同日而语。对于西方的回应，上海是上海，中国是中国，上海并非了解中国的恰当钥匙。他认为，作为西方渗透的桥头堡，加尔各答和孟买改变了印度，但上海并没有改变中国，上海在近代中国的发展中几乎不起什么作用。

略》等小册子。1949 年至 1980 年，国内上海专门史的研究成果仍然主要表现为史料搜集，且主要集中在革命史、政治史和经济史等比较传统的宏观史学领域。如上海社会科学院历史研究所整理的《上海小刀会起义史料汇编》（1958 年）、《辛亥革命在上海史料选辑》（1966 年）、《五四运动在上海史料选辑》（1960 年），中国科学院上海经济研究所与上海社会科学院经济研究所编写的《上海解放前后物价资料汇编（1921 年—1957 年）》（1958 年）、《恒丰纱厂的发生、发展与改造》（1958 年），中国人民银行上海市分行编的《上海钱庄史料》（1960 年），等等（熊月之，2000a）。这些资料有相当高的史料价值，且包括了对重大历史事件当事人的访问和调查，不可再现、不可替代，现已成为研究上海史的重要资料。

随着世界格局的变化以及史学界的研究材料的发掘，研究重心下移，学者开始关注日常生活史。裔昭印在《当代西方史学变革影响下的古典文明史研究》一文中，着重介绍了西方史学在 20 世纪后半期出现的两次重大转向，即 50 年代的新史学（社会史）、70 年代的新文化史（社会文化史）。她认为这一西方史学的变革，主要表现在古典史研究领域空前扩大、利用相关理论进行跨学科研究、研究重心下移以及对普通民众和日常生活史的关注等方面（柴彬，姬庆红，2010）。

20 世纪 70 年代中期兴起于德国和意大利的日常生活史学（微观史学）不断探索细小、琐碎的经验。史学家开始尝试放弃"让史料说话"的客观主义治史传统，大胆地进行历史"重构"。[1] 同时，文化人类学对日常生活史学产生了渗透式的影响。学者们对人们日常的衣食住行，以及年复一年而形成的习惯、随空间扩展和时间延续形成的风俗、风俗人格化后形成的社会、作为社会规范来规范人们的规训等一系列问题开展了讨论。史学几乎全盘承袭了文化人类学的学术理路，用"回顾"代替了"平视"，用广阔的跨学科的理论解释空间，逐步将触角伸向下层社会结构（刘新成，2006）。

---

[1] 美国史学专家伊格尔斯在《二十世纪的历史学》一书中，设专章对日常生活史学予以评介。

具体来看，日常生活史研究者追求生动立体地再现千姿百态的日常生活，并探究其发生和变化机制，导致研究对象微观化。村落、街区乃至个人常常被视为最合适的研究对象。"以小见大"成为日常生活史的真正主旨。此外，日常生活史倡导"让史学向历来被忽视的人群敞开大门""在小人物群体中探寻历史动因"。"目光向下"使得日常生活史研究者关注对社会大众，特别是弱势群体的研究。这些成果的发表，不仅促使日常生活史的研究领域拓宽[①]，更触动了史学界乃至社会科学界的视线转移和研究转向。

日常生活史学者认为与其空谈"社会结构"而忽视个人在日常生活中的感受，不如以温暖的、关怀式的史学观照个体或群体的价值观，通过解释将微观世界与宏观世界联系在一起。研究重点不是整个社会的基本价值取向，而是每个人、每个群体的价值观以及这些人公开或掩盖、实施或抑制其愿望的方式，最终说明社会压力与刺激怎样转化为人们的意图、需求、焦虑与渴望，以及人们在改造世界的同时是怎样接受和利用外在世界的（刘新成，2006）。

日常生活史学家所构建的活生生的、经验的社会模型，是一种"见人又见物"的空间，比社会史学家所构建的社会模型更加均衡而丰满。日常生活史的研究多视角、跨学科，通过不同结构层次看历史，在具象而个性化的日常生活中发现历史，理解普通人生活的文化意义。其中，口述史（有时也称作口述历史）成为研究方法中的重点。有关上海早期生活的口述史和日常生活史研究，在 20 世纪 90 年代后出现一个高潮。乐正的《近代上海人社会心态（1860—1910）》和忻平的《从上海发现历史——现代化进程中的上海人及其社会生活（1927—1937）》两本著作，是较早有关近代城

[①] 研究内容包罗万象。史学家研究的"日常行为"，包括工作行为和非工作行为两大类。因此，衣食住行、人际交往、职业与劳动、生与死、爱与憎、焦虑与憧憬、灾变与节庆，都属于日常生活史的研究内容，日常行为所牵涉的所有制关系、财产继承、人口变化、家庭关系、亲族组织、城市制度、工人运动、法律争讼等等，也可以作为背景进入日常生活史的研究范围。

市生活史的研究专著，标志着近代城市生活史开始形成独立的研究领域。

2000 年之后，城市生活史研究快速扩容，出版了一批有代表性的近代城市生活史研究专著。袁熹《近代北京的市民生活》开拓性地研究了近代北京的市民生活；李长莉《晚清上海社会的变迁——生活与伦理的近代化》考察了晚清上海通商后出现的生活风俗与观念变迁的互动；周俊旗《民国天津社会生活史》考察了天津在民国时期成为北方经济中心的过程中，市民衣食住行和就业、交往、消闲、时尚等生活方面的变化。这三部书分别以北京、上海、天津三大全国性中心城市生活史为样本，做了综合性的研究。这一系列专著是研究近代中国大城市的参照文献。上海作为开埠城市，有其独特的地位和特点。《史林》2002 年第 4 期刊出"上海城市社会生活史笔谈"专栏，多位学者撰文讨论开展城市生活史研究的意义，倡导加强研究（李长莉，2017）。此后十余年，近代城市生活史研究成为海内外研究者关注的热门领域，涉及面不断扩大，论题愈发细化，研究视角和研究方法也有创新。其中针对上海地域的研究，如罗苏文《近代上海：都市社会与生活》、熊月之《异质文化交织下的上海都市生活》等开启了有关上海城市生活史研究的热点，也显示出一些特点。上海社会科学院组织出版了"上海城市社会生活史丛书"（上海辞书出版社），连续推出了两批共 25 部有关上海城市生活史的专题研究著作。这些著作的内容大部分属于近代时段，涉及的专题丰富多样，有都市生活、饭店与菜场、房荒、舞厅、照相馆、公共生活空间等方面的物质生活史，还有关于买办、文人、学生、报人、律师、工人、职员、闸北居民、女性以及日侨、犹太人、俄侨等的社会群体生活史。这套丛书将上海城市生活史研究推向了专题化、精细化、深刻化、成系列、成规模的水平（李长莉，2017）。此后至今，关于上海城市生活史的研究成果持续增加。

海外学者在这一领域的开拓也呈现丰富的面貌，"国际化"成为上海城市生活史研究的一个突出特点。在美国、法国、德国、日本等地都有上海城市生活史的研究者，并出版了一批研究论著，如美国学者李欧梵的《上海摩登——一种新都市文化在中国（1930—1945）》、卢汉超的《霓虹灯外：20 世纪初日常生活中的上海》等。

口述史的研究包括上海职业妇女口述史研究。程郁、朱易安的《上海职业妇女口述史：1949 年以前就业的群体》通过对十九位中华人民共和国成立前后有过工作经历的上海职业女性进行访谈，记录了她们的个人职业生涯与婚姻家庭生活，采用口述史调查方法"让女人自己说话"，通过女性自己的声音，讲述女性自己的历史感受，以女性的视角，考察历史的足迹（尹立芳，2010）。同类研究还有李小江的《让女人自己说话：文化寻踪》。该书所在的丛书①从女性视角开展田野调查，用女性主义的研究方法对传统史学展开补充和校正，"发掘了沉默的人群（如妇女、少数民族、社会底层）和人们沉默的声音（关于私人情感、生命体验等），使得史学有可能更完整地记录'人'的和普通人的历史"（李小江，2003）[总序 6]。这套丛书将妇女置于历史的主体地位来研究，通过重现一向被忽视的妇女的声音和视角，向以男权文化为主导的传统史学发起挑战。

刘德恩的《近代上海职员教育与生涯：一项口述史研究》《职员阶层的兴起——民国时期上海职员的生活与教育研究》基于对二十多位上海职业老人（主要是男性）调查所得资料，聚焦职员阶层的教育，反映了职员个人生活史细节和深层问题，其所涵盖的间接的史料和统计资料则主要反映职员阶层的整体状况。江文君的《近代上海职员生活史》将对上海近代职员群体的研究视为理解中国之现代的一个途径，试图从"地方性知识"中寻求一种普遍性。同类文献包括綦娅慧《浅谈民国时期上海百货公司的女职员——以四大百货公司为例》、赵文《20 世纪 20—30 年代上海职员阶层的日常生活——以〈生活〉周刊广告为中心的考察》等。此外，相关口述史研究还涉及上海工人生活研究、近代中学生生活史研究等。

李长莉在《中国近代城市生活史研究热点与缺陷》一文中归纳指出，

---

① 2003 年北京生活·读书·新知三联书店出版了由李小江主编的"20 世纪（中国）妇女口述史丛书"（四册）：《让女人自己说话：亲历战争》（战争卷）、《让女人自己说话：独立的历程》（文化卷）、《让女人自己说话：民族叙事》（民族卷）、《让女人自己说话：文化寻踪》（文化卷）。

早期上海城市生活史研究的主要研究对象集中于三个领域：休闲娱乐与文化生活、日常生活、群体生活。其中近代城市生活中休闲娱乐和文化生活的变化尤为引人瞩目，富有特色、多姿多彩、内涵丰富的生活领域受到研究者的集中关注，研究成果较多。如对城市公园、戏园、茶馆、妓馆、剧场、电影院、娱乐场、舞厅、报刊等都有集中研究，专题论文数量众多，研究专著如徐剑雄的《京剧与上海都市社会（1867—1949）》、马军的《舞厅·市政：上海百年娱乐生活的一页》、葛涛的《唱片与近代上海社会生活》等。此外，城市居民在实际生活中感受最直接、最广泛的方面，是西式生活器物的引进和流行对人们的生活方式产生的巨大影响。华东师范大学徐涛在学位论文《自行车与近代中国（1868—1949年）》中就特别指出，新式交通工具（西方近代技术）应用于生活领域后，城市的交通变迁带来了人口流动和地域扩大等影响，改变着生活的各个层面。

20世纪30年代，一批对上海工人和职员的研究著作出版了，学者的目光下移到上海社会的中下阶层。20世纪80年代起，受年鉴学派的影响，海外学者对上海的研究从关注宏大命题转移到聚焦各个阶层，尤其集中于对妇女群体的研究。女性的社会地位和社会角色在近代发生了巨大变化，城市女性是这种变化的主要体现者，因而吸引了不少研究者，他们出版了一批数量可观的研究成果，同时这方面的成果往往与女性史相重合。相关研究专著有多部，综合性著作主要有郑永福和吕美颐《近代中国妇女生活》等。其他女性研究往往以专题、个案等形式聚焦某一群体，如刘克敌《困窘的潇洒：民国文人的日常生活》、叶中强《上海社会与文人生活（1843—1945）》、许纪霖等《近代中国知识分子的公共交往（1895—1949）》。还有些研究专著聚焦群体中的职业分类，如王敏《上海报人社会生活（1872—1949）》、张明武《经济独立与生活变迁——民国时期武汉教师薪俸及其生活状况研究》、刘训华《困厄的美丽——大转局中的近代学生生活（1901—1949）》、施扣柱《青春飞扬：近代上海学生生活》等。

此外，一些特殊女性群体也受到集中关注，如有关妓女生活的研究有邵雍《中国近代妓女史》、薛理勇《上海妓女史》、美国学者贺萧（Gail

Hershatter）① 《危险的愉悦：20 世纪上海的娼妓问题与现代性》、法国学者安克强（Christian Henriot）《上海妓女——19—20 世纪中国的卖淫与性》、美国学者叶凯蒂（Catherine Vance Yeh）《上海·爱：名妓、知识分子和娱乐文化（1850—1910）》。

工人及下层劳动者是城市中出现的新劳动群体，特别在民国以后人数日益增多，其在社会中的影响力也逐渐增大。研究专著有宋钻友、张秀莉、张生《上海工人生活研究（1843—1949）》等。此外还有不少专题论文与博士、硕士学位论文涉及上海、天津、汉口、重庆、成都等城市的工人、人力车夫等的生活状况。

江文君《近代上海职员生活史》考察了职员生活。刘德恩的博士论文《职员阶层的兴起——民国时期上海职员的生活与教育研究》试图从职员发展的角度着眼，在考察职员生活史的基础上，揭示教育与职员发展的关系。张旎的硕士学位论文《近代公司职员群体的历史考察》从社会学的角度来研究中国近代以来城市公司职员这一社会群体，以公司职员群体形成、整体概况、收入与消费、社会地位与影响力四大维度为切入点，重点探讨公司职员群体的整体素质与特点及职员自身的个性，并力图把群体置于社会结构中考虑分析这些个性形成的原因与历史背景。

其他研究成果还包括岩间一弘《1940 年前后上海职员阶层的生活情况》、毛履亨和宋钻友《一个洋行职员的经历》、张剑《二三十年代上海主要产业职工工资级差与文化水平》、阮玛霞（Marcia R. Ristaino）《饶家驹安全区：战时上海的难民》。《饶家驹安全区：战时上海的难民》通过查阅中国、法国、美国、日本、瑞士等地的档案和文献，采访相关当事人，为我们重现了一位独臂神父在上海拯救数十万难民的东方传奇。陈雁的《性别与战争：上海 1932～1945》继承了高彦颐（Dorothy Ko）的研究范

---

① 曾求学于美国汉普郡学院、中国南开大学、美国斯坦福大学，获斯坦福大学博士学位，曾任美国亚洲研究学会主席，现为加州大学圣克鲁斯分校历史系讲座教授。著有《天津工人，1900—1949》《危险的愉悦：20 世纪上海的娼妓问题与现代性》《记忆的性别：农村妇女和中国集体化历史》等。

式，从性别角度重新思考民族战争，希望为探索战争与解放所包含的复杂历史脉络与多样的社会面相、重新审视这场中日战争对于中国社会尤其是对中国女性的影响，提供新的可能。同类文献包括宋少鹏《"西洋镜"里的中国与妇女：文明的性别标准和晚清女权论述》等。

洪尼格（2011）做的关于近代上海棉纱厂女工的研究，把女工放到上海经济社会生活的大背景下，探讨棉纱厂女工的生活状况、工作情形及30年间女工参与劳工运动的发展和转变情况。胡缨《翻译的传说：中国新女性的形成（1898—1918）》从梁启超笔下的中国第一位女医生康爱德的传记开始，写到多产翻译家林纾的故事，以翻译界的作品及译者为例，展现了翻译对"新女性"的塑造过程，借由翻译中夹杂的女性经历，讨论了"新女性"的三重"他者"（传统才女、男性、外国女性）的相互比照。

除此之外，还有学者在上海近代光怪陆离的社会中发现了新的研究点，如苏智良和陈丽菲所做的《近代上海黑社会研究》、关于舞女群体的研究《1948年：上海舞潮案：对一起民国女性集体暴力抗议事件的研究》、陈同对近代上海律师的研究《近代社会变迁中的上海律师》，它们都是此类研究中的翘楚。

二、教育史研究中的女性视角

五四运动前后至1937年抗日战争全面爆发之前，在女学前期发展的推动和社会变迁的影响之下，女性解放思潮兴起，出现了一批研究女性和女性教育的力作。

1937年著名教育史学家陈东原出版的《中国妇女生活史》是一本研究中国女性的通史。从传统的男尊女卑对妇女心态的压抑和扭曲谈起，梳理了自有中华文明以来历朝历代妇女的婚姻、教育、道德观等发展的状况。它对近代的妇女生活在时代背景下发生的变革做了详尽的回顾和评述，内容包括女学、女权、女子参政和女性教育及职业等。陈东原的著作和平生研究均以改变现实为着眼点，希望在时代大变革时期，从历史中找寻中国教育的发展方向和教育对改造社会的责任，希望通过对历史上压迫妇女的种种弊端的揭露来唤醒社会、教育社会。陈东原建立了一个完整的研究框架，开启了认识中国妇女历史的重要范式。然而，陈东原建立的"压迫－解放"的中国妇女史认识模式，忽视了理想理念与社会现实之间、男性视角与妇女自我认同之间的差异；以"政治－朝代"为标准的分期方法以政治史覆盖了女性生活史，忽视了女性之间阶层、人生阶段、地域、身份的巨大差异。但陈东原的著作仍然是对中国妇女历史进行系统论述的开山之作，对直至今日的女性研究产生着重要影响。

1931 年，俞庆棠所写的《三十五年来中国之女子教育》对清末民初的女性教育的发展状况做了扼要介绍。1936 年，上海中华书局刊行了程谪凡的《中国现代女子教育史》一书，着重探讨清末至 20 世纪初的女性教育发展历程，以及相关学制的变化、改革。这是研究中国近代女性教育的第一部专著。自此，近现代女性教育问题成为人文社科研究，尤其是教育学研究的一个维度，不同时期都有学者回溯这段历史，对中国近现代女性教育展开疏证（何莎，2013）。

早期涉及女子职业教育方面的史料有《中国近代学制史料》《中华民国史档案资料汇编》。文集有陈学恂编的《中国近代教育文选》、中华职业教育社编的《黄炎培教育文选》、夏东元编的《郑观应集》、中华书局出版的《饮冰室合集》《蔡元培全集》等。这些文集虽涉及教育的各个维度，没有单独对女子职业教育开展归类整理，但其收录的清末、民国时期各教育家的文献，也为研究清末与民国前期的女子职业教育提供了参照。

1992 年出版的黄新宪《中国近现代女子教育》以专题的形式介绍了晚清变革背景下的女性教育思潮、近代女性教育发展的历程、民国著名人物的女性教育观，但没有涉及女子职业教育及其思想。杜学元《中国女子教育通史》和《外国女子教育史》对民国时期中外女性教育的政策、兴办情况等给予了介绍，并结合近代英国、法国、德国、俄罗斯、美国、日本、朝鲜等国家的女性教育观点（涉及女子初等教育、中等教育中的职业教育和高等教育）分别进行了阐述。这两本通论总结了中外女性教育发展的经验，为发展我国女性教育提供了有益的借鉴。但它们只以史的形式纵向论述概况，并没有对其产生的背景、学校管理、局限性及作用进行分析研究。另一学者阎广芬的《中国女子与女子教育》主要侧重研究中国女性教育思想和教育观，总结了中国女性教育发展的特点，比较宏观地展现了中国女性教育的发展面貌。乔素玲《教育与女性——近代中国女子教育与知识女性觉醒（1840—1921）》透过近代女性教育发展的轨迹，通过对知识女性觉醒与社会变革关系的解释，论证了妇女的解放要以教育为先。以上著作对女性教育及女子职业教育做了比较宏观和总括的论述，对后学者在某个主题上深入研究有较高的启发价值。

此外，近些年的一些研究论文也对民国早期女子的职业教育多有论述。整体来看，万琼华、李霞在《20 世纪二三十年代女子职业教育观研究：以〈教育与职业〉杂志为中心》中论及 1930 年前后女子职业教育的必要性、实施方法及特殊性，分析其中的动因及性别观念的差异。林海波《民国时期女子教育学制的发展变化》一文论述了不同政府执政期间所颁布的女性教育学制，体现了当时社会发展的特点与时代要求。董旭花在《世纪之交的中国女子职业教育》一文中记述了中国女子职业教育的发展历程，并以民国元年为界将其分为前后两个阶段，此外还分析了推动女子职业教育发展的影响因素，从而给出了较为客观的评价（何莎，2013）。

女子职业教育的研究专著较少，除段碧江的《新女子职业教育》等几部著作外，相关研究多散落在职业教育相关专著中，如庄泽宣《职业教育》、何清儒《职业教育学》、杨鄂联《职业教育概要》等。女性研究资料不足之处主要体现在它们大多带有阶段性的特征，多是对不同政府执政下女性教育制度的概括，体现了其发展的基本方向，但是对于女性教育发展的具体内容和对女性初、中、高级教育没有清晰的划分和完整的论述。

张玲的《民国早期女子职业教育的发展》论述了女子职业学校兴起的历史条件和发展缓慢的原因。王秀霞的学位论文《民国时期的女子职业教育》对民国时期女子职业教育兴起的背景、女子职业教育思想、女子职业教育发展概况、历史评价进行了概述，并系统全面地从女子职业学校发展的行政规划、教学分科、辅助设备方面进行了研究，但对女子职业发展的总体概述还不够充分，也缺乏对具体内容的个案分析。马婉君的学位论文《清末至民国前期女子职业教育探究》对女子职业教育发展的背景、发展进程和制约因素进行论述，但并未提及女子职业学校的兴办方式及其内容。朱绍英的学位论文《民国时期长沙女子职业教育研究（1912—1949）》对民国时期长沙女子职业教育的发展历程进行了概述，并且通过个案分析，总结了民国时期长沙女子职业教育的个性特征。但其仅限于对长沙女子职业学校发展的概括，对当时整个中国女子职业学校发展的情况并未做说明，着重突出了对个案的分析，而并未说明所存在的局限性。何莎的学位论文《民国时期女子职业教育研究（1912—1949）》，从三个时期的社会背景、教育宗旨及内容、地域分布方面的比较，论析了民国时期女子职业教育发展的特点，认为其主要表现为自身的适应性、政治倾向性和不平衡性，梳理了女子职业教育发展史。

　　国内学者在女性教育领域运用叙事研究方法的典范之作近年不断涌现。姜丽静的《历史的背影：一代女知识分子的教育记忆》聚焦于程俊英、冯沅君、庐隐三位近代颇有建树的知识女性，从她们的早期教育与生活经历谈起，描述了她们在北京女子师范学校就读的学术冲突体验和作为女性知识分子的成长。姜丽静的著作以叙事的方式夹叙夹议娓娓道来，呈现了一代女知识分子的生活、教育和身份探寻过程。对于女性"沉默的大多数"中的"大人物"个体的研究，使后来的研究者意识到，在教育学强调为了个体的发展和为了社会的发展时，必须把差异化的个体发展看作教育学研究的重要部分，并通过对差异化个体的培养和发展，来促进社会的发展（姜丽静，2012）。

　　张素玲所著《文化、性别与教育：1900—1930年代的中国女大学生》从性别、文化、教育的视角描绘了近代中国女大学生的教育和生活。她的著作图文翔实，既有教会女生、女教师的群像，也有中国第一代女留学生和女大学生的特写，揭示了当时的知识分子对现代性的追求，抑或说对现代中国的想象和设计所伴随的对新女性的塑造和倡导，使女性教育被纳入国家民族建设的主流话语中并迅速发展起来。张素玲著作的价值还在于它揭示出女性教育的目标、知识分子对于女性的热切期望与女大学生自己对于独立生活和职业的追求之间始终存在一定的距离，女性不是被定义和想象的性别群体，她们有独特的思考和行为方式，并不会服从于精英的安排与倡导。

三、国内外女性主义[①]研究

目前学界对女性的研究经历了名称上的多次更迭和概念梳理。其中包含语义上的混淆和混用，也包含理解上的偏颇与冲突。中国自古就有用"妇"与"女"区别出嫁女与在室女的传统。妇女史的提法，应该源出于此。"妇"与"女"合并为一词，始于司马迁撰《史记》，其应是"妇"与"女"的合称。[②]妇女特指女性人群并在社会上被广为使用，应从 20 世纪初开始，这既受西方语言的影响，也因在五四新思潮影响下和在新史学创立过程中，以女子问题为关注点的研究大多以"妇女"一词作为研究的指向，"妇女"的使用远远多于"女子"和"女性"的使用（臧健，2009）。

而女性史、社会性别史这些术语则来自西方学界。20 世纪初 feminie（女性的、妇女的）一词传入和使用并得到学界认同，"妇女"一词是各大媒体和书刊中的常用词。这也导致 1949 年以后，"女性史""女性研究"几乎完全被"妇女史"和"妇女研究"所取代（臧健，2009）。查阅当年

---

① 对于女性主义一词在我国的翻译和使用，美国的妇女史学者王政进行了比较与研究。她认为近代以来中国的妇女学研究者多选择使用"女性主义"来表现妇女的主体地位与女性意识，同时又出现了用"女权主义"来指称西方、用"女性主义"指中国的妇女研究与实践的现象。这些不同的用法与翻译，既表现出研究者在借鉴时的不同理解，又似乎隐含着一种将中国妇女的实践同国际妇女运动的实践做非历史性的、本质化的区别的倾向。参见《社会性别研究选译》中王政为该书所写的前言。该书为非正式出版物。

② 司马迁《史记》卷七《项羽本纪》中，范增说项羽曰："沛公居山东时，贪于财货，好美姬。今入关，财物无所取，妇女无所幸，此其志不在小。"

的文献可以发现，"妇女"是综合了前文提到的各种研究对象的总称。20世纪90年代中期以后，随着西方理论的再次涌入，"女性主义"一词在中国妇女研究中重新出现和使用。我国台湾地区引进并翻译了西方的相关著作和文献（李又宁，张玉法，1981，1995a，1995b；游鉴明，2005；叶汉明，2005）。"社会性别史"则是20世纪90年代从国外传来的，是汉译后的提法。关于其定义的解释、解读，甚至翻译为汉语的对与错，研究者都存在着认识和理解上的差异。这种差异已不仅仅表现为对于妇女史定义的看法，而是逐渐凸显为对妇女史学这一新兴学科的理解与认识。

女性主义学术研究有三条基本探索路线（贺萧，王政，2008）。

其一，以人类学家沃尔夫（Margery Wolf）为先锋，研究中国的亲属制度（Wolf, 1972）。其特色在于，对亲属制度的分析是以妇女为中心而展开的。沃尔夫指出，妇女们一旦从自己的村庄嫁出去后，便以孤立、脆弱而且具有潜在威胁性的陌生人的身份，进入了一个因婚姻而织就的亲属网络。她们的地位和精神健康，既取决于生育孩子的状况，也仰赖于那种被沃尔夫称为"子宫家庭"（uterine family，又译"阴性家庭""女阴家庭"）的情感网络的建立。沃尔夫的洞见，不仅重新勾勒了亲属制度的形态，而且也证明了亲属制度是个深深地被社会性别化了的领域（贺萧，王政，2008）。

其二，历史学、人类学和政治学学者试图通过20世纪初的女性解放运动来解释革命对女性成长的作用。女性主义学者的研究则聚焦于20世纪20年代到80年代之间，妇女在家庭中的地位和妇女对教育的需要，以及妇女作为社会建设者的作用（Young, 1973; Wolf, Witke, 1975; Davin, 1976; Croll, 1978; Feuerwerker, 1982; Andors, 1983; Johnson, 1983; Stacey, 1983; Ono, 1988; Wolf, 1985; Honig, Hershatter, 1988）。

其三，充分利用中国当时新开放的图书档案资料，将研究目标锁定为"让隐形的历史主体显形"。学者们开始将妇女写入主要沿海城市的劳工史。

此外，学者杜芳琴（1996，1998）在20世纪90年代，首先提出女性主义妇女史的概念。她认为女性意识的"缺席"与"在场",同女性主义的妇女史有着密切关系。只有具备了女性主体意识和历史学的性别敏感视角才能认识到史学中的女性缺失和历史上对女性认识的偏颇(杜芳琴,1996)。这一观点提出,妇女史是妇女学和历史学的交叉,而不只是传统史学甚至社会史中的一个分支。她认为,妇女史不必,也注定不会拘泥于传统中国史学所确立的理论、方法、学术规范,而会以跨学科的、新的理论与方法确立起其在学界的地位。

与之相对的是 20 世纪 90 年代高世瑜的研究。她认为:"妇女史研究自产生之日起,无论是选题、史料、论证方法,还是研究者本身,基本都出自旧的传统史学领域,而不属于另树一帜的异端另类。"(高世瑜,2004)[100] 因此,中国大陆的妇女史分为两种:一种是妇女群体生活与活动的历史,另一种则是从女性性别立场与视角去观察和编纂的历史,即女性主义妇女史。当下妇女史研究多半属于上述的第一种妇女史,它们致力于钩沉发微,搜集历史文献与文物资料中留下的有关女性的史料。在另外一种妇女史研究的视角中,尽管妇女史不可能脱离对于社会性别、两性社会关系的探讨,但是妇女史与社会性别发展史或两性关系史在研究对象与研究领域、角度等方面仍有差别,不能完全画等号。妇女史还是应该主要侧重研究妇女一方。需要注意的是,这一观点主要还是将妇女史置于中国史学研究的领域之中,认为该研究领域只是丰富了原本宏大的史学研究领域。

国内学者的研究大都围绕这两种观点展开。但是,历史永远是被叙述出来的,妇女史同样不会自我呈现、自我表达、自我诠释。受近年来史学研究转向的影响,关于史家、史学流派、史学现象的评析存在天壤之别,因此对妇女史的概念、理解、评价、描述存在着多种看法,也是情理之中的。

从目前已有研究来看,海外近代妇女史研究主要集中在欧美,特别以海外中国研究重镇加州大学伯克利分校的学者为代表,如高彦颐、贺萧、曼素恩(Susan Mann)、威斯纳 – 汉克斯(Merry Wiesner-Hanks)、费侠莉（Charlotte Furth，也被译为傅乐诗）、白馥兰（Francesca Bray）、白露（Tani Barlow）、柯临清（Christina Gilmartin）等。这部分研究者多关注近代史中的女性，借助社会性别理论理解和阐释女性，讲述女性在近代的多元生活面向。西方学者的研究旨在打破传统文化对女性的一元认知，他们充分发掘史料，从烟渺黍离的故纸堆中爬梳证据。[①]其中，高彦颐的《闺塾师：明末清初江南的才女文化》《缠足："金莲崇拜"盛极而衰的演变》采用女性主义的研究范式，用深刻和具体的研究来驳论传统的"五四妇女史观"，认为女性在不同的社会空间、时间维度、地理空间的经济和政治地位都是不同的，因此主张微观地小心叙述、分析历史上的女性。曼素恩在《缀珍录：18 世纪及其前后的中国妇女》中将社会性别理论引入明清妇女史研究，把女性视为历史的主体来加以探讨。她在书中思考：清代的兴衰成败对妇女生活有何改变？女性在盛清的经济地位和文化地位如何？在这部分研究中，新文化史范式表现得最明显。在 20 世纪 90 年代以后的西方汉学界，罗友枝（Evelyn Rawski）、韩书瑞（Susan Naquin）、艾尔曼（Benjamin Elman）、冯珠娣（Judith Farquhar）、黄宗智（Philip Huang）、杜赞奇（Prasenjit Duara）、司徒安（Angela Zito）、柯娇燕（Pamela Crossley）、何伟亚（James Hevia）、费约翰（John Fitzgerald）、卜正民（Timothy Brook）、欧立德（Mark Elliott）、沈艾娣（Henrietta Harrison）等人开始将人类学意义上的文化取向方法用于中国历史的研究，尤其是关于中国民族与认同等问题的研究（张仲民，2008）。

此外，"社会性别"也是影响女性主义研究者的重要命题，它为探讨性别间的冲突提供了一种全新的思维模式。美国著名史学家贺萧等人认为：社会性别身份和关系并不仅是个人或私下的事，它们是由家庭、宗教、医学、国家权威以及各种各样的其他制度和习俗所规定执行（有时也

---

① 其中很多女性学者的著作已被译为中文，如江苏人民出版社的"海外中国研究丛书·女性系列"，受到了不少国内学者的好评。

是所破坏）的；与此相应，社会性别也为家庭、国家政权和其他社会制度的清楚表达和它们的正当性的确立提供了一定的语言和范畴。他们认为，对社会性别的充分关注能够阐释清楚妇女的生活，但更根本的是，这样做能够使我们对社会生活的运作本身进行探索。通过倡议"赋中国（研究）以社会性别"，他们坚信对妇女和社会性别的研究将不只占据中国学学术活动之一隅，并且将改写大多数我们用来解说中国的社会关系、社会制度和文化产物的基本范畴。他们将"社会性别"定义为"有差异的肉体所具有的不同的理解与认知"。（Gilmartin et al., 1994）社会性别是构成复杂的社会关系的要素，它的建构和变化的过程以多样化的结果呈现，它本身也是一个流动的概念和相对的存在。在女性研究领域，"新女性"即典型的社会性别概念。

学者们不再将 20 世纪前的中国描绘成一个对妇女的压迫一成不变的时期，而是开始探讨身体的实践和空间安排对构建社会性别的作用，美德在妇女主体性和国家治理中的中心地位，以及妇女的劳作如何保障了家庭的生存和文化精英阶层的昌盛。

贺萧等人的观点还帮助人们在更深入地研究 19 世纪西方在中国的扩张时，不再沿用"西方冲击，中国反应"的两分模式（贺萧，王政，2008），而是开始探索"中国"和"西方"究竟在什么程度上相互塑造了对方，以及社会性别在其中的重要作用。如，曼素恩通过重新解读她称为"张氏才女"的诗作，揭示了 19 世纪那些日趋式微的士大夫家庭是如何在叛乱、农民起义和日益增长的反清情绪的背景下，依靠这些妇女们的文字作品和管理家庭的能力而生存下来的。钱南秀（Qian, 2003, 2004）则把目光投向了 19 世纪 90 年代的女改革家们，考察她们是如何试图通过利用此前的女学经验来教育女性和助力强国的。赞佩里尼（Paola Zamperini）和叶凯蒂以 19 世纪后叶的文字资料为基础，描述了上海滩的交际花们的时装、配饰及浪漫关系如何引介和糅合了欧美式现代化的不同方面（Zamperini, 2003; Yeh, 2006）。这部分研究集中关注城市生活变迁中吸收的西方生活元素，而对中西生活元素交汇融合的机制特别是传统生活元素的演变与作用研究不够，使得城市生活变迁史往往成了引进吸收西方生活元素史（李长莉，2017）。这也使得我们对城市女性研究的兴趣不断加深。

四、文化研究思潮的影响

1989 年，新文化史（new cultural history，NCH，亦有人称之为社会文化史）由美国女历史学家亨特（Lynn Hunt）在其所主编的论文集《新文化史》（*The New Cultural History*）中首先提出。这种文化史被冠以"新"字，以表明它区别于以往的文化史研究范式的鲜明立场。从此，诸如文化史、社会文化史、日常生活史、微观史学、心态史学、记忆研究、知识社会史、历史人类学等就被评论家简以名之曰"新文化史"（张仲民，2008）。这一学派在过去 20 多年的西方历史研究中已经成为显学，它大大改变了人们对以往历史的看法。其影响所致，渐有一切历史都是文化史之势。

从史学研究来看，文化研究是人文科学自 20 世纪中后期以来的一个重要转向。经过多年的文化批评实践，以 20 世纪 60 年代初伯明翰大学设立"当代文化研究中心"（Centre for Contemporary Cultural Studies, CCCS）这一"学术机构化和学院化"的事件为标志，文化研究作为一个准学科和跨学科的理论话语崛起于当代文化学术界，并在关于后现代主义和后殖民主义的讨论衰落之时迅速占领了主导地位（王宁，2000）。一批年轻的文化史学家如阿利埃斯（Philippe Ariès）、汤普森（Edward Thompson）、托马斯（Keith Thomas）、戴维斯（Natalie Davis）、勒华拉杜里（Emmanuel Le Roy Ladurie）、罗什（Daniel Roche）等率先回应了外部学术思潮的挑战，并将之吸收到自己的学术研究中，在他们及随后一大批更年轻的史学家如夏蒂埃（Roger Chartier）、达恩顿（Robert Darnton）、金茨堡（Carlo Ginzburg）、伯克（Peter Burke）、亨特的集体努力下，新文化史的研究范式开始兴起，历史学于焉得到了新的生机与活力。

从西方研究看，文化研究大致分为如下阶段和思潮。

其一是最初的 20 世纪 60 年代法国结构主义文化思潮。结构主义认为文化即一系列的实践，而对这些事件的规则或程式加以描述和研究则构成文化研究的重要内容。巴特（Roland Barthes）的《神话学》对诸如服装、摔跤、汽车、洗涤用品的广告以及法国葡萄酒等"神话般"的文化现象进行了分析和解读。他的例证促进了对各种文化形象内涵的解读，并分析了社会如何促成文化独特的建构（陈旭光，2004）[导论9-导论10]。

其二是英国的马克思主义文化理论和英国伯明翰学派对通俗的工人阶级文化的再发现。威廉斯（Raymond Williams）的《文化与社会：1780—1950》、霍加特（Richard Hoggart）的《识字的用途》均为文化研究的代表作。安德森（Perry Anderson）主编的《新左派评论》（*New Left Review*）杂志以及伊格尔顿（Terry Eagleton）的著述，对英国文化研究的发展起到了很大的作用（毛毅静，2012）。

其三是美国理论对文化研究的融合与发挥，包括了跨学科的文化研究、多元文化研究、后殖民理论及其表意实践、"东方主义"和文化霸权主义批判、第三世界文化研究、关于公共空间的讨论、族裔和民族身份研究、以女性批评和写作话语为主的性别研究、影视传媒生产和大众传媒研究等。

在历史的表达方式上，新文化史吸纳了文学批评、叙述史学的主张与成果，成为"讲故事的文化史"。如亨特所言：历史学家工作的本质就是讲故事。历史著作不应该是高头讲章，作为再现与重构过去的手段，历史应该是生动活泼的故事。"讲故事"对历史学的重要性，就在于它是传达历史学家史识与工作的手段，可以表达抽象的形式不便言传之意涵，激发读者的阅读情感，培养读者的读史兴味，使读者更好地认识和接受历史学家的意图，兼可向公众表明史家工作之意义和价值。所以，历史在此被视为美学的一支，而非社会学的女佣（Hunt, 1989）。可见，这一文化研究受到马克思主义、女性主义与社会性别研究、后结构主义、后殖民研究中"下属群体"概念等的影响，将"史料"和自己所生产的"历史"都看作无比生动的、复杂的、开放的"过程"，其中包含对话、商谈、记忆、建构、创造等活动。

李显杰（2000）^{导言1}在其《电影叙事学：理论和实例》中指出："叙事，作为人类认识和反映世界与自身的一条基本途径，其历史可追溯至远古社会。不妨说，当原始初民开始编结神话或发明'图画文字'来描述事件、传递信息时，就已经表明了叙事活动的肇始。因而毛姆说：'听故事的愿望在人类身上，同财产观念一样是根深蒂固的。'"

叙事学是一门古老而年轻的学科。它的研究对象是和人类历史一样古老的叙事活动。作为一门独立的学科，叙事学诞生的时间并不长。1966 年巴黎出版的《交际》（*La Communications*）杂志第 8 期是以"符号学研究——叙事作品结构分析"为题的专刊，它通过一系列文章将叙事学的基本理论和方法公布于世。20 世纪 60 年代以来，受结构主义尤其是索绪尔（Ferdinand de Saussure）变历时性为共时性的现代语言学的影响，以及俄国形式主义尤其是普洛普（Vladimir Propp）的民间故事形态分析的启迪，西方学术界开始了对叙事文本的内在的、抽象的研究，建立了具有现代意识的叙事学体系，使之成为现代批评理论的经典方法论。

伴随着对语言学和叙事理论的深入研究，历史与文学的关系被重新认识，重视历史书写所具有的文学性质的叙事史学开始勃兴。近 20 年西方文艺学引人注目的进展，均与叙事学有关。它们打破了神话、民间故事、史诗、罗曼司（romance，又译作"传奇"，有学者将其视为小说的前身或小说的一种类型）、小说、新闻纪事、电影等具体的文本界限，把叙事作为人类的一种精神现象，却又摒弃制约着具体叙事行为的社会、历史、心理因素，把叙事作品的文本视为独立自足的封闭体系，探究叙事者、所叙故事和叙事行为方式，力图抽象出能够包含各种叙事文体的模式。很多历史学家逐渐改变了采用分析的手段来书写历史的态度与做法，越来越注意书写的文学性质，从而走向了文学批评。这种对叙事层次、视角、时间诸方面的研究，同时强调对文本的内在分析以及跨越文体界限的研究角度，是颇具创造性的。

历史研究的这种文学化书写方式很大程度上也受到人类学的影响，人类学提供了"素描"性质的叙述模式，并用个案研究来检测人们通常熟知概念的适用度，"虽小道亦有足观"（small is beautiful），在微观的层面将个体或地方的经验重新纳入历史中，使得人类学模式在文化研究取向里占着极大的优势（张仲民，2008）。其中，美国文化人类学家格尔茨（Clifford Geertz）的影响尤大，格尔茨提出文化人类学的核心是解读意义，解读意义而非推导出解释的因果律，被认为是文化史的核心任务之一。

例如，文化研究在论述电影时为了强调庶民（平民）观众的主体能动性而强调了电影作为一种现代"公共文化空间"的作用。不同的话语交汇冲突，形成了巴特所说的"多重意义"。正是电影文本的这种不可避免的多重性使它能以其丰富多样的结构和魅力，为观众提供参与的机会，成为彻底开放和民主的公众空间中的一种运作范型。由于这种空间需要想象的介入和争辩，它成为基础广大的、自愿结合的汇集地，从而形成舆论性的公众话语。（毛毅静，2012）

历史学家怀特（Hayden White）认为，历史叙事并不是历史本身，而是关于过去的著述，必须把历史看作符号系统。历史叙事同时指向两个方向：叙事所形容的事件和历史学家所选择的作为事件结构的图标的故事类型或神话。叙事本身不是图标，历史叙事描述历史记录中的事件，告诉读者怎样才能找到关于事件的图标，使得事件变得"熟悉"起来。

不同于宏大的叙事着眼于总体性和外部社会文化背景，也有别于中观叙事抽象出某种贯穿在视觉文化史中的符号学模式，微观的历史叙事着眼于文化内部的某些要素及其结构关系，着重于解析其内部各种要素及其主因的历史变迁。

欧美中国学界的城市史研究是传统关注点，不过这些研究的重点不再只限于城市的政治、经济层面，更多地聚焦于中国城市的现代性、文化、生活与消费等层面，研究的主要地域包括扬州、上海、天津、成都、北京、汉口、南通、苏州、广州、哈尔滨、青岛、杭州、南京、澳门、香港等，例如梅尔清（Tobie Meyer-Fong）、安东篱（Antonia Finnane）对于清代扬州城市文化的研究，李欧梵、卢汉超等诸多学者关于上海现代性以及日常生活的研究，比克斯（Robert Bickers）关于外国人在上海生活的研究，以及罗芙芸（Ruth Rogaski）关于天津卫生系统的研究。

　　日常生活史学家认为，所谓"让史料本身说话"的科学主义历史观是既不正确也不可能的，史料本身并没有意义，日常生活史的史料因其凌乱细碎尤其如此，因此必须经过人的思考，赋予史料以意义，所以"解释"是必不可少的。同时，他们对一般史学家自鸣得意的"客观分析"也嗤之以鼻，认为这种"客观"其实是居高临下的俯瞰，"分析"愈深入，与历史真实相去愈远。同时，受文化人类学的影响，日常生活史学家不赞成对历史上的生活方式妄加评判或滥施同情，而是主张以"他者"立场，亦即站在历史当事人的位置上，"设身处地地感觉和体会"。他们认为，研究历史最重要的是理解，理解了古人也就理解了自己（刘新成，2004）。在以往的历史中，大多数情况下人是作为数字而存在的，甚至很多时候人作为数字都不存在；人在历史当中，经常是面目不清的，没有形象，没有声音，就像历史长河中的一滴水，消失在长河中，连一丝痕迹都没有留下，大多数人都是这样的（郭于华，2012）。这样的史学批评，触动了我们对普通人的历史的追踪。

　　1948 年哥伦比亚大学口述史研究会（Columbia Center for Oral History Research）的创建标志着美国现代口述史学的诞生。目前，美国拥有全国性的专业学术组织口述史协会（Oral History Association）和刊物《口述史评论》（*Oral History Review*）。当下的口述史学不仅仅是一门历史学的分支学科，它已经被广泛地应用于社会学、人类学、民俗学、图书馆学、档案学、妇女研究、灾难研究、文化研究和医学等人文社会、自然科学领域，在推动跨学科研究中起到了相当重要的作用。

　　杜鲁门总统图书馆（Harry S. Truman Presidential Library & Museum）

的布鲁克斯（Philip Brooks）在 1966 年美国口述史协会第一次年会上就坦言："口述史是一种补充的方法，而不是代替。它补充文献记录、信件、日记与档案等可能已经存在的资料。对于我们来说，口述史是搜集历史证据的方法之一。"美国著名历史学家施莱辛格（Arthur M. Schlesinger, Jr.）也认为口述史的价值在于它本质上是一种补充的证据。

事实上，口述史像历史本身一样古老。20 世纪 60 年代中期的美国口述史学家，受到当时美国新社会史思潮以及民权运动、女权运动、学生运动、反越战运动和黑人运动等激进运动的冲击与影响，不仅将口述史视为非传统资料的一种来源，而且利用口述史方法来描述与赋权于那些没有文字记录的和在历史上被剥夺权力的人群，进而超越第一代口述史学家所主导的精英访谈模式，扩展了口述史的搜集范围与视野。一部分历史学家号召彻底摆脱传统史学只注重社会上层人物的那种精英史观，而要求重视下层平民大众的历史作用，并撰写有关他们的历史。综合来看，不同领域口述史的研究呈现出两个共同的特征：关注被忽视或被排除在外的人物的故事，关注老年人的回忆。

口述史研究的目的之一就是搜集和整理不同的事实和观点，来质疑现存的历史表述。分析过去六十多年来口述史学不同发展阶段的主流趋势、发展过程、特征与研究视角，有研究者认为当代口述史学的发展经历了以下四种主流趋势：作为"档案实践"的口述史学（1948 年至 20 世纪 60 年代中期），口述史学的"新社会史转向"（20 世纪 60 年代中期至 20 世纪 70 年代末），口述史学的"记忆转向"与"主体性意识觉醒"（20 世纪 70 年代末以来），数字化时代的口述史学（20 世纪 90 年代以来）（杨祥银，2011）。

1977 年格拉克（Sherna Gluck）在新兴女性主义杂志《前沿：女性研究》（*Frontiers: A Journal of Women Studies*）中所讲的一段话是女性口述史鼓舞人心的宣言：

拒绝在历史上继续做沉默的陪衬，女性正在用自己的声音和经历来创造新的历史。我们正在挑战传统的历史概念，也在挑战究竟什么是"历史上重要的"。我们正在用自己的行动使大家相信，我们的日常生活就是历史。口述的传统和人类的记忆一样久远，我们正在用它来重现我们的过去。（Gluck，1977）

李小江等学者自 1992 年开始了 20 世纪中国妇女口述史研究，集成《让女人自己说话：文化寻踪》《让女人自己说话：民族叙事》等四卷本，于 2003 年出版。李小江在接受访问时谈道：

> 长期以来，女性的话语权利和能力一向被忽视，女性的声音很少得到学术界特别是史学界的关注，我们发掘和记录女性的历史经历，正是试图用女性的表述证明女人的存在，给从来是"无性"或"男性中心"的传统史学提供新的视角。……这套丛书记录了女人的经历，却不尽是"女性主义史学"，它无意发掘女人的特殊贡献或特别张扬女人的权利。在阅读中你会发现，在绝大多数中国妇女的主体意识中，多的恰恰不是"女性中心"，而是承载着过重的国家、民族、社会、家庭负荷，这与一般西方女权主义者确实存在着很大差别。（谢娟，2003）

李小江领衔的研究有参与者近千人，积累访谈资料 600 余份，勾勒了一部女性视角的近代中国社会史。女性是叙述的主体，却未必是自己故事的中心，这一点在我们的原始访谈资料中也有所反映。经历了新旧中国更替的女性，不自觉地在叙述中使用国家的重大事件作为自己生命历程的标记，如八一三事变、抗日战争、解放战争等。无论是纺织女工还是女工程师讲到个人的经历时都往往以自谦的态度回忆，并将自己描述为再平凡不过的普通人。只有谈到所征服的苦难时，她们才会流露出平淡中的自豪。

口述史是女性史研究的重要方法，在 20 世纪 70 年代的美国，历史书籍中很少有女性的信息，甚至会让人觉得在人类历史中女性从未做出任何成就，也没有任何历史地位。在当时的妇女解放运动浪潮下，华盛顿州立大学历史学和女性研究学荣誉教授阿美蒂奇（Sue Armitage）与她的女学生们握着卡带录音机，在美国西部一个很小的大学城里寻找她们的采访对象。开始时她们搜寻的主要是少数族裔女性，后来逐渐扩大到农村妇女、第二次世界大战中的船厂女工、工会女性等特定群体。

"我不知道你为什么要采访我，我什么也没做。"当口述者坐在我们面前时，往往以这句话开场，正如阿美蒂奇从她的采访对象口中听到的一样。让女性口述者开口是个难题，她们很难理解采访者的意图以及自己为什么会被选中。在最初的探索之后，我们采用了"非定向的记传式采访"的方法，即有意让口述人自己掌握主动权，同时准备一些围绕女性生活的主题问题，以备采访者用作话题引导的需要。

早期女性口述史研究的重要意义在于呈现了与男性版本不同的历史，史学界开始意识到历史的性别差异。口述史的研究方法在 20 世纪后半期开始广泛在历史研究中运用。1982 年之后的女性口述史开始转向探究女性文化，女性口述史学家开始承担运用采访技巧使女性为自己的生活发掘自我意义和自我情感的使命。从我们的采访实践看，采访对象在克服最初的迷茫和羞涩之后，逐渐沉浸在自己的讲述之中，对过往的学校生活和职业生涯的回忆指向了自我探寻和自我认同。由于受访者与采访者不存在种族和性别的差异，文化和阶层上也互相交融，在数次访谈中双方基本都能够达到良性且逐渐深入的互动。

我们并未面临 20 世纪 80 年代晚期女性口述史研究者因与其采访对象之间存在巨大差异导致的一系列困难，但也时刻反省自己的解释偏好与口述者本意之间的距离，以更负责的态度运用口述的原始资料。正如安德森和杰克（Anderson, Jack, 2015）《学会倾听：访谈技术与分析》（Learning to Listen: Interview Techniques and Analyses）一文所指出的，采访者不应不停地问新问题，而应该在真诚的互动过程中不断地深入挖掘叙述者的言语和情感。事实上，我们在访谈的过程中几乎每次都没能按照所谓的提纲提问，口述者叙述中丰富的细节和有价值的线索更值得追问，跟着口述者的叙述安排访谈的路径是更为有效的方式。

此外，在历史编纂学（historiography）基础之上运用数字化技术手段，也是我们在使用材料上的进展。有研究者认为，数字化技术正在改变我们作为口述史学家的工作的许多面向，包括人们回忆与叙述他们生活的方式，而且随着时间的变迁，它们将改变我们思考记忆与个人叙述、讲述与搜集生活故事、共享记忆与创作历史的方式（杨祥银，2011）。本书采用的材料中有相当部分建立在各类数字化历史文献的数据库资料基础上，包括校史档案、博客、微信、电子相册、录音、录像、纪录片等，突破了原先以书写抄本为基础的口述史的传统研究模式，从记录、保存、编目、解释、分享与呈现等多方面呈现多元丰富的样貌。

然而，必须指出的是，尽管有技术的加持，但囿于环境，我们与口述者相处的时间太短，远远未能达到口述史研究的理想状态：重构口述者的生活史。由于我们与口述者在年龄和阅历上不同，口述者也未能在叙述中完全表达自己的声音和人生故事。我们所做的极其有限的口述史研究，全部价值在于在双方互相信任的基础上让这些平凡的女性发出了属于自己的声音，讲述了自己的教育和职业故事，以免其被再次埋没在历史中。

从教育医疗，到消费休闲，再到婚姻生育，人们日常生活的各个领域在口述史研究中均有体现。这是琐细的、私密的私人生活史。诸此论著在一定程度上反映了历史学包括社会史领域的新动向，改变了以往日常生活史的失语状态。这部分研究强调对日常生活的表面描述，有时会缺乏个人的生活经历和心灵体验，由此也就弱化了日常生活的能动作用。

日常生活史重视人的经历和感受，并以此来标示与其他历史领域的区别。因此，搜集和利用人的心态与行为的资料，实现见史见人的目标是研究的难点。但同时，研究的碎片化，容易导致"研究题目琐碎、微观，杂乱无章；缺乏整体史关怀，缺乏全面联系和贯通；疏离宏大叙事，轻视理论思考，缺乏共识。它导致以小概全，偏离了历史发展的主流轨道，丧失了对人类命运关怀的精神境界，总之对历史现象不能做出深刻的分析和把握"（李金铮，2015）[48]。就本书中的民国日常生活史而言，重要的是从中梳理出传统与现代、国家与社会以及政治、经济、文化等方面的理论意义。

教育是一种生活方式，而且是一种日常生活方式。当以经验事实的方式流动的时候，丰富多彩的教育图景就形成了，教育叙事研究就成为重要的理论方式（丁钢，2008a）。教育叙事研究从质的研究出发，相对于以往所谓科学化的研究，更强调与人类经验的联系，并且以叙事来描述人们的经验、行为以及作为群体和个体的生活方式（刘新成，2004）。

"自有历史以来，人们就聚集在篝火旁或市井处听讲故事。"（毛姆，1987）[17] 叙事就是叙述事件，就是讲故事。福勒（Roger Fowler）认为，叙事是指详细叙述一系列事实或事件并确定和安排它们之间的关系。斯科尔斯（Robert Scholes）认为，叙事首先是一种人类的行为，它尤其是一种模仿的或表现的行为（毛姆，1987）。因此，从本质上说，叙事不是故事的一种静态的呈现和反映过程，而是故事的讲述者通过故事文本与故事的接受者之间形成的一种动态的双向交流过程。要完成故事的叙述和传播，实现叙事的价值，就必须依赖于一定的媒介，这种媒介就是叙事媒体。叙事媒体是完成叙事过程、实现叙事价值的载体。

20 世纪中后期特别是 80 年代以来，中国人文社会科学界形成了一定规模的叙事转向。在教育叙事研究的视角看来，人类经验基本上是故事经验，只有通过叙事（尤其是让社会中的各色人等自己言说）才能接近和表达社会生活的各种真相，尤其是要倾听那些归于沉默的普通大众的声音。

当下，叙事研究作为科学与人文两极之间的一条中间道路，已逐渐成为教育研究中的一个核心学术话语方式。其对教育的重要意义在于：它把有关生活性质的理论思想引入活生生的教育经验中，并通过生活（如教与学）经验的叙述促进人们对于教育及其意义的理解（丁钢，2008a）。

教育叙事研究的流行并非出于追求新颖，而是因为人们深切地感到，日常生活领域里的人群、事件与感受只能借助于叙事语言才能表达清楚。理论语言的表示是非常有限的。因为生活是极其复杂的事情，要使对生活的表达具有意义，就必须使用可选择的、可变动的、可调整的语言。在这个意义上，叙事语言承担着使普通读者参与理论话语体系，并依据自己的经验和感受对叙事文本进行评价的使命。尤其对于教育研究而言，当我们关注日常教育实践的活动时，就可能产生自身的话语方式。对日常生活意义的理解往往会产生于"常识"和"专门知识"的对比语境之中，这种语言的张力构成了一种特有的体系，它正是教育叙事的引人入胜之处。

从最近的历史学趋势来看，历史已不是一种纯粹的个人研究行为，而是一种带有自我主体价值观念且与现实紧密相连的社会行为。历史学不再只是史料学，所有的历史皆是当代史。史学家个人的意见不可避免地成为构建历史的一种要素。叙事是主观的。现场的教育叙事研究会受研究者的态度和立场的影响。研究者的价值取向和意识形态在叙事的过程中自然流淌，他们的视角和洞察力将穿越现场，直抵教育理论的核心和本质。我们亦受到文化研究理论的影响，相信教育叙事是表达人们在教育生活实践中所获得的教育经验、体验、知识和意义的有效方式，认为教育叙事研究是准确表达和诠释教育经验、教育意义的途径。

正如米尔斯所强调的：学术界最出色的思想家从不会把工作与生活分开。这就是说，你必须学会把自己的生活经验用到你的知识工作中去。（丁钢，2008a）利用这种开放的教育文化研究方法和新路径，运用社会学、历史学、人类学、艺术学、文化研究、叙事研究等领域的前沿视野，以参与式观察、教育叙事、图像证史、口述史、田野工作、话语分析等多种方法来推进研究，可以一定程度解决"解释不能穷尽诠释，诠释也不能穷尽解释"[①]的问题。丁钢（2008b）提出，其实正是解释和诠释这两者之间的张力，构成了两个不同的取向，使这两个取向上的研究者在知识的追寻上扮演着不同的角色。此两者可以互相启明，成为本书的逻辑起点。

---

① "诠释"强调对意义的固化、固定或确定，而"解释"以解构为行为的起点与过程，强调分解和拆散那些集中在一起的规定（李红岩，2023）。

　　此外，人们还必须考虑和尊重"地方"（local）的观点，集中注意力于特定民族借以拟想、创造、再造他们的过去，以至于把过去和他们身处的现在联结在一起的各种方法和文化理路。换言之，相比于传统的实证史学与社会史研究范式，人类学没有制造客观历史的伟大梦想，认为研究历史不应该是寻求过去已经消失的"真实"，而应该关注过去之于我们的意义，进而揭露过去如何塑造现在以及现在如何利用过去、如何给过去"化妆"。人类学重视"局内人"与"局外人"视角的差异，采用身临其境的实践策略。这正是人类学特别是历史人类学的研究路径，也是最为新文化史学家看重的人类学特质。因之，新文化史学家从诸如格尔茨、道格拉斯（Mary Douglas）、列维－斯特劳斯（Claude Lévi-Strauss）、特纳（Victor Turner）、萨林斯（Marshall Sahlins）、克里弗德（James Clifford）等一大批人类学家那里受益匪浅。这些人类学家的工作已经影响了过去 20 年里许多优秀的史学家，特别是美国和法国的史学家。

　　我们研究历史的目的，就是指导今天，研究的历史性与现实性必须统一起来。我们致力于教育史实的发掘，就是力求发掘教育自身发展规律，从而解释现实的中国教育。研究教育史的目的是解释现实教育问题，而解释的真正目的则在于修正现实。英国教育史学家珀金（Harold J. Perkin）认为，真正的历史学并不是一味按照年代顺序挖掘整理史实材料的学科，而是一门解决问题的学科，它向现实世界提出种种问题，并努力探寻问题的答案，因而，教育史的历史性与社会性必须统一起来，研究者必须运用社会学的方法，在研究思维上社会学化（周洪宇，2023）。

　　本书写作的缘起在 2008 年末，笔者走在徐家汇藏书楼前，土山湾画馆的档案渐次浮现在眼前。在这个近代西学典型样本中，隐约有一些女童教养的画面浮现。通过编结（亦称编织）和花边制作工艺的学习，近代沪上普通人家的女子慢慢开始接受西方教育且进入职业领域。之后的一年内，冯秋萍们的故事占据了笔者案头最显眼的位置。

　　近代女性职业教育自女红始，却又终于女红。对这批彷徨在闺门与职场内外的女性的考察，促使我们不由地进一步思考女性的生存位置与教育的立场。

第一，将女性教育与其职业生涯置于近代社会嬗变的大背景下考察。近代上海是一个特殊的场域，是外来资本催生的迅速成长的现代都市。上海女性的教育与职业生涯，是当时中国的缩影，也是中国其他地区发展的先声。在上海近代教育、近代商业贸易和近代工业发展的环境中，女性在其中感受到的压力与机遇、矛盾与进步带有鲜明的地域和时代特征，又有深远的现实意义。

第二，从社会性别的视角，在两性互动与冲突的语境中研究这一话题。女性成为社会研究的对象是近代之后的事情。实际上在社会各个领域，以性别划分的两个阵营之间的互动与冲突从未停止，不因政局和官方宣传的变动而消失，只是改变了表现的方式。以男性为主的社会精英引领女性进入近代教育从而使之获得社会化的身份，但始终没有真正抛开对女性的束缚和戒备的心态；女性以被动的姿势开始了近代化，但很快发展出不以改革者的想象为框架的自我意识和自我探寻。预设与现实的碰撞使两方都感到迷茫和惶惑，其中交织着各种目光和言说。女性在教育和职业生涯中的进退得失，无不系于其社会性别角色。

第三，将女性的教育与职业生涯视为连续的生命过程进行探讨。近代社会的开放性和复杂性使女性一生中拥有若干个家庭和社会身份：女儿、妻子（或其他亲密关系）、母亲（基于血缘或非血缘）；学习者（学生）、工作者（全职或者兼职），或学习者和工作者身份交叉反复。所有的研究都是片面和片段的，我们试图在这一前提下努力链接女性生命历程的几个阶段，将女性的教育生活与职业生涯作为整体，兼及其家庭婚姻和社会交往，在学校、职场、家庭三个交织的空间中寻找女性教育和职业的各个侧面。

第四，将研究视角从精英女性和知识女性下移到中下层的普通女性。虽然小人物的历史总是由大人物来代言和书写，但小人物的声音一直回响在历史中。各个学科的研究者对精英女性和知识女性的教育、事业、婚姻、家庭、作品等进行了极富意义的探究，而大量默默无闻的中下层女性却作为她们的背景和底色存在着。我们试图通过倾听亲历 1949 年前的教育与职业现实的口述者的生平讲述，分析生动细微的历史文献，还原普通女性的部分教育与职业生涯。

本书的研究于 2015 年 3 月启动，在梳理文献资料和访谈相关人物的基础上完成。在研究过程中，主要查阅的资料包括有关近代上海城市发展以及女性教育、女性职业的史料及论著，1949 年前出版的杂志报纸，有关女性主义和性别角色的著作，以及传记和口述史料，等等。在力所能及的范围内，我们访谈了 14 位在 1949 年前接受教育或就业的老人，其中女性 12 人，男性 2 人（均为女性受访者配偶），并对其中 5 位受访者进行了多次访谈。在 14 位老人中，教育工作者 2 人，工程师 3 人，医生 3 人，法律工作者 1 人（由纺织女工转型而来），自由职业者 1 人，职员 1 人，工人 3 人。根据受访者及其子女的要求，我们在引用其口述资料时大多隐去完整姓名，只体现其姓氏（或受访者要求研究者对其的称谓）。

第 一 章

城市、社会性别与教育

在走向近代的过程中，上海似乎不可遏制地显示出她对女性的偏爱和包容。这个城市以繁荣的商业、流动的人口、强烈的消费欲望、市场化的市民生活、旺盛的社交需求著称，不断地引进各种新奇的外国货和标新立异的观念，催生了发达的商业和休闲服务业。正如左拉在《妇女乐园》里描述的商业资本在城市中引发的消费狂欢一样，近代上海林立的百货店、公园、餐饮娱乐场所，某种意义上正是女性乐园般的活动空间。上海需要一群被城市教化的女性，她们又给这个城市以全新的诠释。

女性教育在近代上海得到了空前的延伸和拓展。在各类专为女性开设或接纳女性的学校里，受教育的女性获得了新的社会身份，她们从学校走向了这个城市留给她们的职业空间。然而，城市与女性之间的关系极其微妙。女性是城市的最大的受益者，也是城市文明的最显著的标尺。她们有了文化，有了可以实现欲念的物质。但是，这一根显著的标尺常常不由自主地晃动，女性又变成最容易受城市化伤害的群体（马尚龙，2007）。无论在近代上海的哪一个领域和哪一个时期，掌握话语权的人们对女性接受教育和从事职业的态度，并不像四大百货店招徕女顾客那么一以贯之得积极热心。城市赋予女性新的社会性别的过程是充满悖论和分歧的，正是城市和女性之间的相互审视与改造，使近代上海女性的教育与职业表现出生动的复杂性。

一、新城市与新教育

（一）城市生活空间的变迁

上海在南宋时期形成市镇。至南宋绍熙四年（1193 年）至咸淳三年（1267 年），已初具城市雏形。据南宋董楷《受福亭记》记载，当时已设有舶司，建有拱辰坊、益庆桥、受福亭，另有酒库、文昌宫、文昌坊、致民坊、徒神祠……。升为上海镇后，镇内设有市舶司、榷场、酒库、军隘、官署、儒塾、佛宫、仙馆、氓廛。至元二十八年（1291 年）建立上海县，增设县署、衙门、校场、兵防、仓廒、海关、海防道署。上海老城厢地区教育事业源远流长。宋末设置镇学，元初改为县学，经历代扩建和修整日趋完善。明清时期不少制度完备的书院在此创办，龙门、蕊珠、敬业、梅溪四大书院最负盛名，推动了上海文教事业的普及和发展。

1842 年《南京条约》的签订，使上海成为中国对外开放的口岸之一，中国被迫接受了资本主义的新秩序。在此之后，上海成为各种人群、产业和规制集中的中心，在此后一个世纪里以各种方式影响着中国其他地区。

与其他四个口岸相比，上海似乎是最微不足道的城镇。它仅仅是一个县府的所在地，不是广州这样的省会城市，它也不像厦门和宁波那样位于海湾深处。然而，上海扼守在长江流域的出海口，在 15 世纪就已经成为一座市场城市，向其他省份输出原棉、棉布和丝绸，从其他省份引入大米和茶叶。19 世纪初叶，上海已经成为新的运输网络的龙头，并拥有以宁波人办的钱庄为代表的一套完善的信贷体系。由海运漕粮兴起的沙船业，沟通了南北航线和长江、内河、远洋航线，促进了上海地区贸易和金融业的发展。1898 年，上海中国资本内河轮运公司的经营，突破原先的限制，扩大至商业领域，并开辟了新的航线，渐次形成"内河小火轮船，上海为苏、杭之归宿，镇江为苏、宁、清江之枢纽"①的基本格局。自苏州、杭州开埠和小轮开禁，上海与长江三角洲的苏州、无锡、常州、杭州、嘉兴、湖州等地的联系更趋密切，客货运往来频繁。"每日小轮船之来往苏、嘉、湖等处者，遥望苏州河一带，气管鸣雷，煤烟聚墨，盖无一不在谷满谷，在坑满坑焉。"（戴鞍钢，2004）[96]

内河航运工具的改进尤其是轮船的运营，连同原先就有的众多大小木帆船的输运，进一步密切了上海与长江三角洲各地的联系。据统计，1897年上海、苏州、杭州之间乘坐轮船往来者已超过 20 万人次。"进入 20 世纪，铁路、公路渐次修筑，但内河航运仍因其四通八达、价格便宜大多长盛不衰。在松江县，自沪杭铁路开车，小轮船之往来松沪者无法营业，惟因船资取费较廉，乡村中人犹乐就之，凡苏州、杭州、盛泽、张堰、平湖、湖州等班小轮船，经过松江者，必于米市渡得胜港口岸稍停，另有拖船接送上下旅客，再有拖船载客送至竹竿汇、秀野桥两处登岸"（戴鞍钢，2004）[96]。1905 年，上海至南翔段铁路辟通。是年，嘉定人黄承炳等集资设立通济轮船局，专驶嘉定至南翔航线，"每日往返嘉翔，依火车之班次为准，船价每人钱八十文"（戴鞍钢，2004）[96]。

开埠 10 多年后，上海城市扩大很快，上海的地理空间逐渐被分为华界和租界两个平行世界。1854 年，数百名外国居民占据着 650 公顷土地，而上海老城内却挤着 20 多万人。租界内建立在鲜花锦簇的花园中的欧式宽敞住宅，规则有序的道路网，和老城内拥挤的房屋及纵横交错的巷道形成了对比。尽管租界代表的是上海被侵略和瓜分的历史，但它们对上海的现代化起到了不可否认的作用。公共租界给上海带来了市场观念、资本运作、现代科技和企业管理等全新的发展模式，法租界则提供

---

① 内河轮运的发展促进了轮船招商中的资本角逐。1902 年组建的招商内河轮船公司，"拥有小轮 7 艘、拖船 6 条，先驶往苏、杭，后航线伸展至南浔、湖洲（州）、宜兴、溧阳、江阴，从苏州经无锡、常州至镇江，过长江抵扬州、清江，又从清江越宿迁至窑湾，溯淮河至正阳关，形成一覆盖长江三角洲和苏北大部的内河航运网，轮船也从最初的 7 艘增加到 1911 年的近 30 艘，成为上海乃至全国规模最大的内河轮运企业"（戴鞍钢，2004）[95]。

了市政管理、城市建设、宗教保护和公共利益等样本（白吉尔，2005）。这促使民国时期上海市政建设在晚清的基础上全面推进，跨入了曲折而又快速发展的时期。30 多年中，上海市政发生了整体性的改观，但受上海的外部环境、内部结构大变动的震荡，市政建设又呈现出明显的阶段性。从 1912 年至 1927 年，上海市政建设稳步发展。其特点是设施配套、设备升级和覆盖面扩大。市区公共交通网络正式营运。1912 年 8 月，英国、法国的电车公司在两租界开始互通电车。仅隔一年，由华商电车公司经营的华界第一条有轨电车线路（小东门—高昌庙）也正式通车。出租车行业开始发展，而之前的主要代步工具轿子慢慢淡出上海人的视野。①

除此之外，一个城市重要的建筑风景线也在此时形成了样貌。民国初年，上海西区高标准住宅的兴建，已呈片状。到了 20 世纪 30 年代，上海市区民居建筑地块的开发，依据功能划分原则已向西区集中，范围主要是两租界西区。1930—1936 年上海新建房屋类别年均占比为：中西式 49.8%，中式 46.1%，西式 4.1%。而 1925—1936 年，年均拆除中式旧屋约 2158 幢。这种大拆大建，使地价增值，民居建筑景观为之一新。西区是整齐的花园洋房、高层公寓、新式里弄，室内装修标准是钢窗蜡地、煤卫齐全，有些配备车库。环境幽静，交通便利，如静安别墅（1929 年）、新康花园（1934 年）等。

1927 年上海去县建市，在这之后的 10 年里，新设工厂如雨后春笋般不断涌现，劳力需求也不断提升。农村剩余劳力大批进入并转换为产业工人，据罗志如（1932）统计，从 1914 年到 1928 年的 15 年间，上海共开设工厂 1229 家，及至 30 年代发展更快，仅 1930 年开设的工厂就有 837 家，工人总数达 201265 人，主要是外来人口。其中，仅荣家企业所属的工厂就从 1912 年的 2 家增至 1932 年的 21 家，工人数也从 1334 人增至 33416 人，这些新设工厂的工人大都从江浙农村招工而来（上海社会科学

---

① 1906 年工部局发出轿子执照 758 张，1928 年工部局发出的轿子执照仅 3 张。

院经济研究所，1980）。

人口的迅速扩容，涉及最基本的民生，也为上海的消费造就了巨大的市场。尤其是时尚促动下的棉纺业、针织业、毛纺织业与丝绸业突飞猛进地发展。据屠诗聘（1948）统计，1936 年上海缫丝业、棉纺织业、丝织业、针织业与毛纺织业企业分别为 32 家、65 家、358 家、51 家、68 家。

多元异质人口大量集聚上海，也是总体上提高上海人口素质、促使传统人向现代人不断转化的过程（忻平，1996）。城市生活所持有的劳动分工和细密的职业划分，同时带来了全新的思维方法和新的习俗姿态，这些新的变化在几代人的时间内就使人们产生巨大变化。"一种新的道德秩序渐趋形成，并促使早期文明中的某些惯例迅速瓦解。"（帕克，伯吉斯，麦肯齐，1987）[277] 外来人口在上海这座城市中经过冶锻整合，产生一代新人。大批外来人口来到上海后，严酷的社会压力和生存竞争促使他们改变了原来的价值观、生活方式与职业取向，经过学校、工厂、社会的熏陶与训练，由原先的"日出而作、日落而息"的农业人口变为现代工业人口或其他非农业的城市生产、服务人口，从而提高了外来人口的现代劳动技能、生存能力与竞争意识等现代人的素养。

（二）近代上海与上海近代教育的形成

历史是现在和过去的对话，是今天的社会和过去的社会的对话（克罗齐，1982）。因此，从现在出发来理解过去、在过去的基础上理解现在是解码的关键所在。社会学家认为：在现代大规模的复杂社会中，没有任何一种个人属性能比他所受到的教育更能够一贯地、强有力地预言他的态度、价值和行为（英格尔斯，史密斯，1992）。与之前的工厂不同，学校是另一种系统，现代教育制度的实施与普及，使之替代了传统的家庭教育，以一种整体的、系统的、积极的、强制的方式对学生进行社会化改造，从而塑造出成批具有现代人格与素质的人。

传统社会"绝大多数的人从他们的长辈那里学会一切可以谋生的手段，而他们的长辈亦曾经历过同样的一切——他们为一个已知的未来而学习——长辈又往往出自同一个家庭"（列维，1990）[33]。这种内循环系统的经验成为教化的一个重要方式，也在很大程度上进行着传统社会中人的社会化功能塑造。

近代上海存在过近代中国最为发达的学校系统，其创办时间之早、创办主体之多元、学校级类之丰富、办学活动之多姿多彩，均甚为引人注目（施扣柱，2009）。在创办主体上，有英国、美国、法国等外国教会的传教士、世俗外籍人士和租界准行政机构，也有上海华人教育行政主管，更有包括同业公会、旅沪同乡社团等在内的大量华人民间力量。这种办学主体的多元，可能是近代中国教育史上最为奇特的现象，由此还造成了近代上海学校结构中以私立学校为主的格局（施扣柱，2007）。

近代上海人员的频繁流动，促进了同乡会的建立和组织架构的发展。1830 年上海已建立 21 家会馆，这些会馆成为地缘性的商人社团组织。据不完全统计，至 1949 年，上海有同乡会将近 200 个，加上会馆、公所，总数不会少于 250 个。全国各大区域在上海都有等级不同的同乡组织。因方言不同，旅居者子弟进入当地的学校，学习上会有一定困难。为帮助同乡子弟解决这一问题，给贫寒同乡子弟提供学习机会，会馆、公所、同乡会纷纷筹资设立同乡义学或公学。以宁波旅沪同乡会所办学校为例，其具有规模大、种类全的特点，在校学生在 20 世纪 30 年代达 3000 余人，种类有小学、中学、职业学校。这些学校在保留乡土历史、维系家乡认同感的同时，也在帮助学生融入都市生活。（宋钻友，2009）

随着近代工商业的兴办和资产阶级势力的壮大，新学堂得到迅速发展，开始出现多种类、多样化的学校教育机构。1895—1911 年，除数量较多的中小学校外，上海还创办了 20 多所其他类型的学校。一是专业技术学校，如江南制造局附设的工艺学堂（内分机器、化学两科），以及中等工业、商业、农业学堂等。二是实业学校，如甲种实业学校、豆米业初等商业学校、金业学校、学徒补习所等，还有普通学校附设的商业科、手工科、艺术科等。三是专门学校，如女医学校、日文学堂、女子蚕桑学校、体操学校、通鉴戏剧学校等。四是师范学校，如省立第二师范、竞仁女子师范、师范传习所等。五是普通女校，如经正女学、务本女塾（后改名为务本女子中学、务本女子中小学，简称务本女中）和爱国女校等。六是高等学堂，如商部高等实业学堂、复旦公学、中国公学等。（汤才伯，1983）

民国建立后，上海进一步兴办新学校，开始出现公立中小学，如敬业、务本女中被改为上海县立学校。私立学校发展更快，在全国有较大影响的教育社团也出现了，例如 1917 年由黄炎培、蔡元培等发起的中华职业教育社，黄炎培等还创办了中华职业学校。1922 年壬戌学制的推行，有利于初等教育、中等教育和职业教育的发展。新学制的学校系统为初等教育六年，其中前四年为义务教育；中等教育六年，分初、高两级，各三年。五四运动以后，爱国知识分子开始反对教会教育，蔡元培抨击宗教教育、倡导非宗教教育，这时上海不少教会大学被收回自办，例如圣约翰大学等，一部分教会中学则由中国人任校长。抗日战争爆发直到新中国成立前，外地人口大量迁入上海租界。为适应人口激增之需，各界人士在上海兴办大量私立中小学。当时不仅有公办、私立、教会学校，还出现了中国共产党直接领导的学校，以及以民众教育和补习为主的成人教育学校，影响较大的除了中华职业教育社开设的职业补习学校外，还有俞庆棠创办的上海市立民众实验学校等（许祖馨，于传璋，陈叔骐，2010）。

到 1927 年前后，上海形成了多元的教育结构体系，包括最初的初等学堂、蒙养院、高等专门女中等学堂，后来的学前教育学校、特殊教育学校、普通中小学教育学校、职业教育学校、专门学校、高等教育学校和成人教育学校等。同时，上海也出现了多层次的办学格局。从办学主体来看，有公办的、私人办的、公办与私人办结合的、教会办的，还有中国共产党直接领导办的。从办学形式看，有普通教育与职业教育相结合的，也有正规学校与补习学校结合的。学制也多样，有一年的、半年的、三个月的等，根据学习时间有日班、晚班、晨班、星期日班等。此时的上海教育还涌现了多样化的学科内容，引进了新式课程，如赫尔巴特的分段教学和班级授课制等，打破了以经史等人文社会科学知识为单一的学习内容的传统，增加了"西文"和"西艺"。在课程结构中，有工具类、知识类、文体技能类。工具类课程从以传统的经史学为主，调整为国文、数学、外语三者并重；知识类课程强调具有普遍性和现实价值的学科知识，即通常讲的"西艺"；文体技能类课程着重于学生健康体魄、艺术修养和基本生活劳动技能的锻炼和培养，对学生心智与情感、心理与生理、动脑与动手起平衡调节作用。（许祖馨，于传璋，陈叔骐，2010）

二、近代城市和教育的发展为女性带来的空间

（一）城市女性公共空间的拓展

20 世纪 30 年代的上海已经是一个可以与世界大都市比肩的现代城市。它是中国最大的港口和通商口岸，新与旧、中与西杂处在这个曾经的渔村中。1933 年，上海约有 313 万城市人口，其中外国人 7 万左右，住在租界的中国人有近 150 万（李欧梵，2001）。在上海，女性人口约 130万，约占 42%。与 20 世纪初相比，女性人口呈上升趋势。1949 年末，上海女性人口为 228 万，占总人口的 45%。女性人口在上海的增长是随着对外航运的骤增发生的。1929—1936 年，上海女性人口迁移频繁，共迁入女性人口 126.4 万，迁出女性人口 84.98 万，净迁入女性人口 41.42 万。其中 1932 年净迁入女性最多，达 11.9 万余人。与男性相同，迁入上海的女性原所在地域以江浙为主，约占四分之三。广东由于是传统的对外贸易基地，外商洋行纷纷到上海设号营业，大量广东籍的买办和商人携带家属亲友定居上海。（《上海妇女志》编纂委员会，2000）

在研究者访谈的对象中，数位女性均随家人从江浙一带农村在童年迁居上海（由于做生意、招工等），又在战乱中回乡避祸。15 岁就在华丰纱厂做童工的陆女士，原是青浦（当时属于江苏省）金泽镇人。她在童年时为谋生来到上海，青少年时又为躲避战乱屡次迁入迁出：

> 我父母是青浦金泽镇里的普通老百姓，我爸爸以前是米行里面做工的，就是伙计，看看米好不好之类的，后面就失业了。……1948年8月上海派人去青浦金泽镇招工，我15岁就在上海华丰纱厂工作了，这是个私营厂，老板是个无锡人，名字叫强锡麟，工厂在军工路翔殷路口。……上海那时候乱，很不太平。……1949年2月我就从厂里回到家，说什么时候工作再通知我们。①

13岁开始在日华纺织厂做工的魏女士回忆道：

> 我1923年出生在江苏金坛，8岁时家里把我送人了，给没有小孩的家里做养女。13岁那年我跟着爸爸妈妈（养父母）来上海，以前都是奶奶在乡下带我。我13岁就去日华纺织厂干活了，14岁就开始打仗了。一打仗就要逃嘛，先逃到浦东，也是在日本人开的厂里干活。后面又打仗打得很厉害，就又回去浙江乡下，然后在乡下结婚了。②

在祖籍宁波的原华东医院董医生的记忆中，

> 我父亲是开檀香扇子店的，他从学徒做起，后来做推销，又跟人家合作开了个小店，算是小业主吧。4岁的时候，我母亲带着我姑姑、我妹妹和我，从宁波到上海来。③

许多老人在谈到迁居上海时，会用"上来"这个说法。在近代江浙农民和手工业者的心目中，上海意味着全新的生活和更多的机会，是比乡间"更高一等"的地方。尽管在上海劳作的生活充满艰辛，但其至少为像陆

---

① 来自2016年12月20日和2017年1月19日研究者在上海市杨浦区陆女士家中对陆女士的访谈。
② 来自2016年12月14日研究者在上海市普陀区魏女士家中对魏女士的访谈。
③ 来自2017年11月26日研究者在上海市徐汇区董女士家中对董女士的访谈。

女士和魏女士这样的乡镇女性提供了谋生之路。

　　在大量的通商贸易中，现代都市生活的绝大多数设施在 19 世纪中叶开始传入租界，银行、西式街道、煤气灯、电话、自来水、汽车、电车等工业文明产物的出现，使上海原本遵循的中国社会传统的生活方式发生了变化，从分散的小农经济下的生活方式向近代工商业生活方式转变，主要标志是市场化、社会化、大众化的"公共生活领域"逐步生长形成（李长莉，2008）。城市居民的生活日用从手工自给趋于市场化供应，交通通信从自然力初步机械化，服饰由自制和等级化走向多元化与自由化，休闲空间由家庭拓展到公共化和商业化的空间。现代商业城市的这些新结构，使城市的经济生态、政治生态和文化生态发生了变化，工商阶层扩大，精英和知识阶层集聚，同时，女性大量进入社会空间。

　　现代文明带来的生活方式的显著改变同样发生在女性的文化空间。1898 年，上海诞生了中国第一份妇女刊物《女学报》，自此，上海出版的妇女报刊勃兴，辛亥革命前后达 26 种。但这些报刊囿于政见和经济因素，大多只是昙花一现，仅发行寥寥数期，发行量也很少，读者以上层智识女性为主。这一时期的妇女报刊大多数由改良派所办或在政治上倾向于改良派，宣传女学和女权。1919—1927 年，即五四运动到第一次国内革命战争期间，上海又发行妇女报刊 31 种。这些报刊分成两个阵营，《妇女杂志》《新妇女》等大力宣传妇女解放、社交自由、男女同校、职业开女禁等思想，同时，保守派也不断制造贤妻良母主义的舆论，双方展开了论战。1927 年以后，在政府的压抑下，保留下来的妇女报刊被迫以谈论风花雪月柴米油盐为主，不再多触及带有政治色彩的女性话题。抗日战争爆发之后，妇女报刊再次兴起，呼吁女性加入抗日救亡的运动。"孤岛"时期的妇女报刊又退回娱乐和儿女情长，以家庭类杂志为主，这一态势持续到 1949 年上海解放之前。1933 年上海中西电台开辟家庭教育讲座栏目后，电台广播陆续推出妇女节目，其内容的演进也经历了与报刊同样的过程。

　　近代上海女性的文化空间总体来说是不断扩大和下移的。从少数先觉女性的读物到大众杂志和电台节目的出现，在短暂的二三十年里改变了广大女性获取信息的方式，也为女性提供了倾诉的出口，为女性话题提供了传播的途径。

更重要的是，随着大众传媒的发展，女性形象成为上海都市化进程中令人瞩目的中心，画报女郎代表了新的公众话语和人们对现代生活的想象，她们中的知名人物更是具有巨大的社会文化影响力。这从另一个方面说明，女性正在成为现代中国社会和文化的重要力量。如果着眼于20世纪女性社会性别的演化，女性所涉足的现代都市空间的日益增多，以及由女性解放运动和消费活动在日积月累中共同促成的女性的强大社会影响，使大众文化越来越不能忽视女性，越来越注重吸引女性的参与。

（二）女性教育的兴起

在中国传统社会中，虽然有少数女子从事着纺织、刺绣、缝纫等家庭手工业劳动，但整体来说，妇女却没有独立的经济自主权，"嫁汉嫁汉，穿衣吃饭""子妇无私货、无私蓄、无私器，不敢私假，不敢私与""少则待食于其父，长则待食于其夫，老则待食于其子"等都是女子经济不独立、不自主的具体表现。事实上，女子只有在经济上摆脱对男子的依附，和男子一样拥有生产资料的所有权，参加社会性生产劳动，才有可能真正取得和男子平等的地位，才有可能真正获得自由和自身的解放。

然而，女性的教育在开放女禁之前还是保留在了一个相对封闭的内循环系统中，相对于男性，女性的学习机会基本局限于内闱的经验教化和私相传授。由于一个隔绝于外部世界的老人或闺蜜的经验远不足以应付发生剧烈变革的现代社会，加之以传授现代知识、技能、价值观为主的现代教育制度的出现与广泛普及，因此，家庭教育在社会中的地位迅速衰微。

19世纪中期后，上海女性教育经历了以教会办学为先导的发轫期，中学、大学广开女禁的发展期和广设女子职业教育的多样化发展期三个发展阶段。近百年里，上海女性教育水平不断提高，女学生人数不断增加，教育受益人群由富家子女向城市平民扩展，女性教育专业设置不断细化。

随着女性文化程度的提高，上海社会的风气也因之获得改良。大批接受新式教育的女学生在获得社会尊重与认可的同时，也进入社会不同岗位，为上海都市发展贡献了自己的力量，同时将男女平等、女性独立等现代观念散播于都市之中。

男女之间的统治关系存在于全部社会空间及其次空间中，也就是说不仅存在于家庭中，同样也存在于学校教育空间和劳动世界中，存在于官场和传媒场中（布尔迪厄，2002）。开埠前，"男尊女卑""女子无才便是德"等守旧思想盛行，受教育被视为男性独享的特权；1843年上海开埠后，传教士们开始兴办女学。1850年，美国公理会传教士裨治文与夫人格兰德女士率先在上海西白云观（今方斜路）创办裨文女塾。这是上海第一所教会女子学校。次年，美国传教士琼司女士（Emma Jones）在虹口创办文纪女塾。1878年8月，传教士林乐知等办的《万国公报》发表《中国女学》一文，介绍英国、美国、德国等国家女学堂的发展情况，并指出中国因不设女学，故女子为人所轻。这些早期教会女子学校多以免费入学、义务救济为招生亮点，学校教学内容与社会生活联系密切，教学方法合乎学生接受知识的规律，在强调发挥学生主观能动性的同时，还注意锻炼学生的体魄。许多家境贫寒的女性在教会女校培养下，不仅获得了一定的谋生技能，也养成了较为完善的人格（赵欣，2010）。

到1949年5月上海解放止，上海由外国教会创办的女子中小学有10余所，其中大部分创办于1912年以前。外国教会兴办女性教育的目的，是在妇女中传播宗教信仰和培养接受西方文明的"淑女"。教会兴办的女学基本没有入学门槛，管理也比较严格，将入学的女生拘于校内，学生所能接触到的不外乎家人和校内的教职员工，几无接触社会的机会。教会女学的课程涉及基础文化知识、教义和缝纫等生活技能，为了得到当局的认可，也开设中国传统的女德修身等课程。早期的教会女学并不完全具备现代学校的特征，但仍给妇女创造了开始接触先进科学文化知识的条件，开启了女性教育的先声。

外国教会首先在上海创办女子学校，这给当时的开明知识分子以极大的思想冲击。光绪十八年（1892 年），郑观应写《女教》一文，批评历来"朝野上下间，拘于女子无才便是德之俗谚、女子独不就学，妇功亦无专师"，介绍了西方国家女学与男学并重的情况，并指出在中国如能广筹经费，增设女塾，便能使妇女"童而习之"，"不致虚糜坐食"。

光绪二十三年（1897 年），梁启超用"生利分利说"论证妇女教育的重要性，并表达了自己的担忧："居今日之中国，而与人言妇学，闻者必曰：天下之事，其更急于是者，不知凡几，……然吾推极天下积弱之本，则必自妇人不学始。"在梁启超看来，"西方全盛之国，莫美若。东方新兴之国，莫日本若。男女平权之论，大倡于美，而渐行于日本"。美国和日本的发展证明，只有推行女子教育，国家方能富强。反之，"女学衰，母教失，无业众，智民少"。是年岁末，当得知经元善正筹办经正女学后，梁启超欣然在《时务报》上为其撰写《倡设女学堂启》，并再次强调："夫男女平权，美国斯盛；女学布濩，日本以强。兴国智民，靡不始此。"他认为要提升民族素质，必须开办女性教育。

同年，知识妇女李闰[1]、黄谨娱[2]等人为了讨论妇女教育、妇女权利等问题，在上海倡办成立中国女学会。该会成立后，就为谋求妇女自身的解放进行活动：在维新派梁启超、郑观应以及经元善等人的帮助和官方的支持下，与其联合创办了经正女学，校内教职员工全由妇女担任；创办《女学报》，宣传变法维新，提倡女学，争取女权、男女平等。该报主笔 30 余人全部由妇女担任，其中较著名的有梁启超夫人李惠仙、康有为长女康同薇，以及裘毓芬等。她们发表了不少抨击男尊女卑、提倡女学与男女平等、要求参政、介绍美国与日本等国妇女受教育情况和传播生产知识的文章。

1898 年 5 月 31 日，经正女学开学。与教会女子学校不同的是，经正女学设置了入学门槛：凡学生年在八岁至十一岁者，须能略识字，方许入

---

[1] 谭嗣同妻，百日维新失败后，谭嗣同被捕遇难，李闰自杀身亡。
[2] 康广仁妻。

学；十二岁至十五岁者，须略识文法、能阅浅近之信札，乃许入学。

　　经正女学的创办使得开明知识分子看到了创建女校的希望。其后几年，上海华人女校逐渐增多，1902年，开明士绅吴馨（吴怀疚）创办务本女塾；同年冬，蔡元培等创办爱国女学。1903年，杨士照创办城东女学社（分初等、高等两部）；同年，陈婉衍女士发起倡导民族主义的宗孟女学堂。1904年，华人史家修等捐资于斜桥南桂墅里创办上海女子蚕业学堂。这是上海第一所女子职业学校。同年，士绅姚义门设立上海速成女工师范传习所，将西方的缝纫机械引入课堂。次年，李钟珏创办上海女子中西医学院，希望通过培养女性医护人员来帮助因恪守妇德而无法出门求医的女性。1906年可被视为上海华人女学成立的"大年"，这一年里相继有民立女中学堂、三育女学堂、祝群女校、萃秀女学堂、辅强女学堂、南州女校、润鸿女学堂等八所女子学校成立，其中还包括一所女子师范学堂。此外，1843—1911年，部分上海女性还获得了海外留学的机会。除美国、英国等留学首选地之外，日本由于地理位置离上海较近，也成为当时女子留学目的地之选。（赵欣，2010）

　　这段时间国人创办的女学可分为两类：一类是那些初步接受西方思想的地方有识之士（包括一些思想较为解放的家庭妇女）创办的，他们认为，兴女学可以"起千年沉痼，涤五浊积染"，从而提高妇女的社会地位；另一类则是一些相对开明的官方督抚创办的，他们从宜家、善种、保国出发，希望通过女学的兴办培养出更多可以相夫教子的贤妻良母。虽然人们兴办女学的目的各异，但女学的兴办仍对开通社会风气、提高妇女地位产生了积极的影响。

　　翻译家林纾就作了《兴女学》一诗对其进行赞扬，经元善也极力肯定了女学堂改变社会风气、推动男女平等的重要意义。蒋畹芳女士曾赋诗："转移风气苦心殚，巾帼须眉一例看。此日开基诚不易，他年蹻起自何难。""经营缔造辟新基，巾帼英才吐气时。学贯中西臻美备，四方闺秀萃于斯。"（杨晓，1995）[82]

　　同时，我们也需要看到这一时期女学的局限。

1907 年《奏定女子师范学堂章程》立学总义第一节写道："女子师范学堂，以养成女子小学堂教习，并讲习保育幼儿方法，期于裨补家计，有益家庭教育为宗旨。"

基于同样的见识，近代早期女性教育的内容几无创新之处，总以女则女德为要。《奏定女子师范学堂章程》教育总要第一则云：

> 中国女德，历代崇重，凡为女、为妇、为母之道，征诸经典史册、先儒著述，历历可据。今教女子师范生，首宜注重于此，务时勉以贞静、顺良、慈淑、端俭诸美德。总期不背中国向来之礼教与懿美之风俗。其一切放纵、自由之僻说……，务须严切屏除，以维风化。（喻本伐，郑刚，2022）[91]

陈东原（1937）对这一时期女学教育的评价是：维新其表，守旧其实。维新派所设计的女性教育，终极目标还是为男性社会的良性运转造就贤妻良母。他们的确希冀女性借由教育获得与变革了的社会相适应的身份和技能，客观上也确实带来了女性自我意识的释放和觉醒，但女性对自我的认识和发展不过是"新式教育"的副产品——甚至在主导者看来是副作用的体现。

1911 年辛亥革命之后，上海的女子学校已经度过了初创期的摸索阶段，在规范性上逐步加强。在学制改革方面率先实践的依然是教会女子学校。19 世纪 80 年代，已有部分教会女子学校增设中学部。圣玛利亚女校于 1900 年将修业年限定为 8 年。第一届 8 年制女生修习年限期满后，圣玛利亚女校又设立了师范科。7 年后，该校正式将学制固定为小学 8 年、中学 4 年。教会女子学校在这一时期发展目标明确，部分还形成了自己的校园文化。随着女校学制的逐步完善，上海的华人大学与教会大学相继向女学生放开了入学限制。华人大学中，1912 年创办的大同学院在办学四年后率先接纳女生入校读书，开上海华人大学招女学生之先河；1922 年创办的上海大学创建之初便欢迎女学生报考；1924 年大夏大学一创建便招收女学生；1927 年复旦大学开女禁；次年，8 名女学生入上海交通大学学习。20 世纪 30 年代中期，上海沪江大学女生人数已占全校总人数的三分之一，社会科、教育科、商科会计以及幼儿师范专业成为该校女生的首选科系。（赵欣，2010）

在上海女性教育的发展期，平民女校也逐步创建。1921 年，李达租下辅德 632 号（今成都北路 42、44 号）作为校址，开办平民女校。该校分为高级班、初级班和工作部，陈望道、邵力子、沈雁冰、陈独秀等人出任学校各科教员。学校还特设讲演课，邀请刘少奇、张太雷、邓中夏等为学生开设专题讲座，帮助她们提高阶级觉悟、扩大知识面。与此同时，女校也注重引导女学生学以致用，走向社会。（赵欣，2010）

1927 年上海被国民党南京临时政府立为华东地区特别市，上海女性教育也由此进入多样化发展阶段。短短 10 年间，上海女子教育在女子高等教育、社会教育等方面表现出长足进步。

上海女性基础教育的发展位居全国之首。1929—1930 年，全国各省市女子小学生人数统计结果显示：上海初级小学中有女学生 26471 人，占初级小学生总人数的 27.93%，上海高级小学中有女学生 4774 人，占高级小学生总人数的 29.01%。以上两组数据位居特别区之首。在全国各省市兼收女学生中学校数方面，上海以 23 所初中、22 所高中同时兼收女学生而位居全国第四。从女生人数方面看，上海有初中女生 5436 人，仅次于江苏、四川两地；高中女生人数达到 1498 人，位居全国之最。上海高级师范吸纳女学生数量达 1192 人，位居全国第三。（赵欣，2010）

上海女性教育还出现了集女子社会教育、职业教育与生计发展为一体的教育构想。一所由民间捐资成立的"实施妇女教育的中心机关"——上海妇女教育馆在 20 世纪 30 年代中期由周振韶创设。该馆类似于女性教育俱乐部，创办人自任馆长，聘用兼任干事 5 人，分管各部工作。上海妇女教育馆虽仅存在 2 年（1935—1936 年），却在有限的时间里，为上海女性教育做出了多方面的尝试。该馆在成立的第一年里，已办事业有 18 项之多，其中既包含帮助女性提高文化水平的妇女图书馆、妇女识字学校、妇女读书会，也包含与女子职业教育衔接紧密的妇女职业指导所、妇女工艺传习所。此外，该馆还依据女性年龄的不同，开设了少女会、主妇会等分支机构，为女性开办切合年龄需要的演讲，组织展览会、参观活动，举办体育比赛，甚至还组织了赴无锡、杭州等地的旅行团。在待办事项中，周振韶与妇女教育馆的同人更列举出 20 件实事，涉及调动女性参与热情的演讲比赛、踢毽子比赛、手工作品展览、书画展览，强化女性性别特点、为女性服务的妇女浴室、妇女商店、妇女工厂、妇女体育馆，甚至妇女博物馆、妇女美术馆等。从某种意义上说，上海妇女教育馆的出现为 20 世纪 30 年代的上海女性教育勾勒了一幅美好广阔的前景。（赵欣，2010）

（三）多元化的女性职业

20 世纪 20 年代，传统的"男外女内"的就业观念有所突破。许多人认为，妇女解放的根本在于经济独立，所以解决妇女职业问题，就是妇女问题的中心问题。"女子若有了独立性的职业，便有了独立的经济；经济既能独立，虽不说社交公然开，自会社交公开，虽不说婚姻自由，自然会婚姻自由。"（陈问涛，1921）[8] 民国初年，城市女子就业多集中在工厂企业，除了教会医院、学校有一些女职员外，其他行业均没有女职员。1916 年底，中国某某银行鉴于"女子心思细密"，"女子俸给，可低于男子"，而且女子不像男子有"派别关系"，"不致见异思迁"，因此最先在银行中使用女子司账（唐，1916）。1918 年 4 月，上海曹某的理发店首次雇用了二三十名女理发师（芦仙，1918）。一些大城市的医疗、银行、商店、文艺、电讯等部门，均有女职员出现。妇女职业范围的扩大，标志着社会思想的进步和人们价值观念的变化。

当时的职业教育与女性教育的研究者认为，女性所涉猎的职业包括六大门类。

（一）家庭方面　1 装饰师　2 下宿业　3 佣妇　4 侍者　5 料理人　6 洗濯妇　7 保姆

（二）农业方面　1 记账　2 家畜饲养　3 花卉栽培　4 果实栽

培 5农作 6造园业 7家禽饲养 8器械耕工 9养蚕

（三）商业及事务方面 1特殊广告 2招待顾客 3店员 4说明者 5买卖商 6记账 7保险代理人 8帽子贩卖 9电报电话 10不动产管理人 11会计 12统计 13速记 14打字 15书记

（四）工业方面 1美术设计家 2制本工 3陶工 4刺绣工 5洋服工 6雕刻工 7化妆品制造工 8帽子制造工 9涂工，陶器画工 10校正工 11织物工 12金银细工

（五）专门的职业 1律师 2摄影师 3建筑设计家 4著述家 5齿科医 6女优 7教师 8图书馆员 9药剂师 10传道师 11音乐家 12眼镜检定师 13书家 14新闻记者 15雕刻家 16教育者 17译者 18产婆

（六）特殊职业 1管理炊事 2手足病医 3官厅雇员 4交通机关经营 5结发师 6美爪术师 7按摩师 8旅行引导 9社会事业 10旅馆饭店经营（杨鄂联，1930）[16-17]

这一分类不可谓不全面，几乎像是一份女性职业的花名册，虽然分类的标准和归类的科学性有待商榷，但十分直观地展示了当时女性职业的几个特点。

首先，女性可从事的职业范围空前拓展。上海开埠以后，迅速商业化的城市为妇女提供了更多的就业机会，上海出现了全国最早的职业妇女群体。但根据对职业女性的整体考察，职业女性仍以从事体力劳动的产业女工为主，且主要是廉价劳动力。20世纪初，上海纺织、丝绸、卷烟、火柴等产业的早期工人中女工占半数以上，其中90%以上的女性是文盲。同时，一些受教育程度较高的女性开始从事非体力劳动职业，包括女店员、女招待、女话务员、女邮政员等，政府机关也吸纳了一部分女性职员。

其次，女性开始进入专业化比较强的职业领域，主要是教师和医护。上海早期的女教育工作者，出现于19世纪末20世纪初。五四运动以后，女教师不再限于在女子学校任教，许多男女同校的中小学和大专院校也纷

纷聘用女教师，这就使女教育工作者的队伍不断扩大。此外，鸦片战争以后，外国教会创办的各类学校、医院为当时受过近代教育的妇女提供了新的就业机会，在19世纪40—50年代上海出现了第一批女医护人员。之后，随着国人所办医院的增多，这一队伍逐渐扩大。她们中的一些先行者，是抱着发展民族医学卫生事业的目的走上工作岗位的。但限于历史条件，当时女医生占卫生工作者总人数的比重不高，主要还是从事护士工作。（《上海妇女志》编纂委员会，2000）此外，女记者、女编辑、女画家、女作家、女律师等群体也开始形成并广受关注。

最后，女性自主创业开始出现。普通女性主要以饮食店等形式创业，女摊贩也占相当大的比例。如福州路736号的万鑫斋点心店创建于1933年，由毛华文、尹翠兰夫妻共同经营，售卖徽帮风味汤团、馄饨等。1945年在先施公司乐园部设摊的139人中有58位女性。（《上海妇女志》编纂委员会，2000）一些妇女解放运动中的先进女性也集资兴办女子工商业，如赵友兰等人创办的女子工业社、毕肖楼照相馆、女子商品物产部、女子香烟公司等。

三、社会性别在学校和职场的含义

（一）近代社会对女性社会性别的认知

社会性别（gender）与生理性别（sex）在研究中经常被混淆，实际上两者的概念是有差异的。社会性别是一种文化建构，表明男女在角色、行为、脑力和情感方面的区别，是通过社会发展而形成的。而生理性别指向两性所包含的生物和生理形式的差别，只应用在直接由男女生物差异所引发的特征和行为关系中（高彦颐，2005）。本书主要关注的是女性的社会性别。近代对女性社会性别的认知首先是由男性精英知识分子发起的，女性作为社会角色在近代被不断地赋权、诠释和建构。对女性的社会性别和社会角色的不同观点，直接导致女性的教育和职业生涯产生了各种轨迹，并显示了社会和历史变化的本质。此前的各种研究已经表明，社会性别不是与生俱来的，它是在社会生活的各个场域，在两性的互动之中，在社会的变迁之中逐渐形塑而成的，学校是建构社会性别的重要场所之一。

光绪二十三年梁启超在《变法通议》"兴论女学"章中大论女性分利之害：

> 中国即以男子而论，分利之人，将及生利之半，……况女子二万万全属分利，而无一生利者。惟其不能自养而待养于他人也，故男子以犬马奴隶畜之，于是妇人极苦；惟妇人待养，而男子不能不养之也，故终岁勤动之所入，不足以赡其妻孥，于是男子亦极苦。……故曰国何以强？民富斯国强矣。民何以富？使人人足以自养而不必以一人养数人，斯民富矣。（陈东原，1937）[322]

梁启超的观点现在看来是有明显偏差的。当时众多的农业、手工业的劳动女性实际上创造了不可忽视的经济价值，同时妇女持家的贡献也是显而易见的。将女性一概视为"分利者"，虽然是兴女学和女权的立论基础，但实际上也体现了对女性的偏见和对女性价值的漠视。

进入 20 世纪，随着新知识阶层的出现和西方政治学说的输入与传播，人们的国家意识更加明确和系统，同时出现的是人们的国民意识。在戊戌思潮的影响下，一些开明人士主张"天下兴亡，匹夫有责，匹妇亦有责焉"，1903 年金天翮在《女界钟》一文中提出了"国民之母"的概念。然而这一思想仍然没有脱离"欲铸造国民，必先铸造国民母始"的限制，更多地强调女性作为母亲这一角色的义务，并不关注女性本身的权利。女性是作为救国救民的工具出现的，而不是同时需要解放和救赎的对象。

1905 年《女子世界》的一篇文章论述发展女子体育的重要性，其中谈到，加强女子体育"不特养成今日有数之女国民，且以养成将来无数之男国民"（初我，1905）[76]。虽然仍基于女性的养育使命，但其提出了"女国民"这一同时带有权利和义务含义的概念。同样是在《女界钟》中，金天翮宣扬了女子应得的六种权利——入学、交友、工农业、掌握财产、出入自由、婚姻自主，又特别提出了女子参政权。但从辛亥革命直至民国期间的史实看，女子的各项权利停留在宣传和纸面上的多，实实在在实现的少。女性的国民身份以及由此衍生的权利，终究成了政治范畴的概念和装点改革的口号。

20世纪初，通过翻译文本对"新女性"进行塑造和引导乃是女性形象转变的诸种可能性之一。在翻译过程中，那些轮廓清晰的文化偶像，作为新女性的精神引导，在文本中首先实现了女性向"国民"的改造。然而，这些存在于文本中的"新女性"，仍然只是男性视角的投射物，从女性主义的角度来看，胡缨《翻译的传说：中国新女性的形成（1898—1918）》一书中所呈现的与其说是"新女性"的形成，不如说是女性形象陷入更加困惑迷茫之境的另一开始。作者在写作时，无论是在《茶花女》《孽海花》《东欧女豪杰》《黄绣球》这条线索中，还是在玛格丽特、傅彩云、华明卿、黄绣球这条副线中，都始终强调"教育"才是新女性的必要促成物。这里的教育并非培养旧式才女的琴棋书画教育，而是教授女性符合新时代需要的知识，小到衣食簿记等日常技能，大到洋文、医学等权威学问。作者认为，只有用新学启蒙，才能促使旧式女性觉醒，成为堪与男子比肩，甚至可以登上世界尊荣的英雄。（向磊，2014）与此同时，"新女性"开始大规模地从文本进入现实，那又是另一段历史了。

维新派心目中理想的国民之母是如梁启超在《倡设女学堂启》中提出的"上可相夫，下可教子，近可宜家，远可善种"，简而言之，就是负有富国强民使命的贤妻良母。这种从日本传来的新概念，与维新派的想法一拍即合。与传统的"三从四德"的"贤妻良母"相比，维新派对女性贤良的诠释有明显的不同：一是要求女性从为家庭奉献变为为社会承担义务，二是要求女性有相夫教子的能力。这一诠释仍然没有跳出女性从属的角色，只不过是男尊女卑的新形式。然而，与"女国民"相比，"贤妻良母"的接受度更高，无论是当时的社会改良者还是普通百姓，包括女性自身，都更认同这一说法。

中华民国成立后，人们的国家意识和国民意识进一步加强。尤其是经过五四运动的洗礼，人们对独立人格的追求日渐强化，女国民的形象变得生动具体。大学开放了女禁，政府机构出现了女职员和女议员，女性在职场上的参与度前所未有得高。20世纪二三十年代，"新妇女"和"新女性"成为当时最时髦的说法。"新女性"特指具有新的社会风貌的女性人群，她们有思想、有追求，具有谋生的一技之长，衣食住行无不时尚，与传统家庭妇女泾渭分明。"新女性"并无确定的含义，人们根据自己的需要使用这一概念。在20世纪20年代的文学和艺术作品中，"新女性"的形象频繁出现。丁玲笔下的莎菲女士，茅盾小说中的章静、梅女士等女性，都是著名的"新女性"文学符号。而在男性控制的大众媒体中，"新女性"逐渐变为男性对女性的消费性想象，更多地强调女性在服饰、外表和生活方式上的新式，甚至将娼妓作为"新女性"形象的一种。

由上海民立女子中学学生自治会创办的《新女性》杂志在其创刊号中宣布了"新女性"超越性别特征的定义，即"其思想学识，刻苦奋进，使家庭社会国家，胥因之而新"（童行白，1935）[6]。这一定义将新女性与新时代关联，赋予女性关心民族存亡并投身民族进步的使命。如果说上海民立女子中学对"新女性"的期望是救国救民，那么《妇人画报》主编郭建英的说法就更为通俗、更为着眼于女性本身的发展，她提出的现代"美"是"女子内心美和外部美综合的结晶。它须根基于个人广博的学识，丰富的情感，和显明而健全的性格"（建英，1934）[15]。

1929—1931年陆续颁布的《中华民国民法典》展示了对女性权益的关怀，在女性就业方面开放各机关的女禁，在救济方面推动了废娼政策与娼妓救济制度，这使一些社会贤达乐观地认为，中国女性解放的使命已经达成，妇女已经占据了与男子相等同的地位。

事实上，以《中华民国民法典》为根基的妇女及女权新政，不外乎是"贤妻良母"主义的新演绎。当时的国民政府赋予女性与男性相同的法律权益的根本目的是缓和五四运动及北伐以来妇女运动的激进诉求，压制正在兴起的中国共产党领导的妇女解放运动。这使得男女平权的受益者只不过是少数的上层知识女性，大多数的妇女仍困于旧式女德和旧式家庭之中。国民政府版的新女性仍然是家庭的中心，在政府所推行的新生活运动中负有重要的使命，妇女的教育和训练以培养慈爱博大的母性为目标，要求女子做好"修身齐家"的本分，其内在逻辑是：为了复兴民族，须改造社会，改造社会的第一步是改造家庭，妇女是改造家庭的中心，其根本的任务是培养并发挥贤良的美德（邓小南，王政，游鉴明，2011）。国民政府新女性的核心是母性，亦即具体化了的、符合时政要求的贤妻良母。

20世纪30年代对于妇女出走或回家的争论也就由此而生了。但必须指出的是，即使是最激进的女权主义者，也不会否认女性的家庭义务与为妻为母的责任，而在谈到这一问题时，也无法以贤良之外的概念定义女性的家庭角色。同时，在女性的家庭义务与社会责任/权利发生冲突时，官方舆论往往倾向于期许女性以家庭为重。随着上海的都市化和近代化，家庭本身也已经成为公共领域和公共话题的一部分，其中交织着社会生活的方方面面。国民政府在构建"贤妻良母"和"新女性"的形象时，的确赋予了其新的内涵，即将妇女在家庭中的私德扩大到对社会的公德，将贤良上升到高于小家庭的美德层面，进而客观上强化了妇女的社会参与和社会地位。

茅盾在《子夜》开篇写了一个看似荒诞的插曲：乡下来的吴老太爷被坐在洋车上衣着暴露的女人和儿子家里的一群女人惊吓，就此一命呜呼。这个戏剧性的情节中的主角正是20世纪二三十年代舆论的"公敌"——摩登女郎。

20世纪30年代，上海已经与世界最先进的都市同步了（李欧梵，

2001）。百货店、咖啡馆、舞厅、公园等新型公共空间的出现，使上海迅速变成一个商业气息和消费气息浓厚的城市。摩登一般认为是英文modern 的音译，代指消费文化下追逐时尚的新潮风气，其中最主要的表现方式是女性的物化与娱乐化（罗苏文，1996）。摩登潮流席卷了从大学女生到舞女娼妓的女性，是报章杂志津津乐道的话题，也是忧心社会风气的人士批判的对象。女作家陈学昭（1932）痛心地指出：从五四运动以来，女性教育为中国社会塑造出的，大多是会写写诗文、说几句外国话、上跳舞场的摩登女子，是男子的装饰品和不事生产的纯粹消费者。在国家内忧外患的 30 年代，对摩登女郎的批评主要是说她们无益于社会、反贤妻良母本质、国难当头却不知觉醒以及不爱用国货（邓小南，王政，游鉴明，2011）。在被定为"妇女国货年"的 1934 年，对摩登女郎的批评达到了顶峰。李欧梵《上海摩登》中开列了一份"摩登女子最低的费用"，包括皮鞋、丝袜、内衣、夹袍、手套、化妆品、皮包、烫发等，共计银圆五十二元另五分，其中颇多非舶来品不可充任的物资。在作家们的笔下，摩登女郎时髦、奔放、美艳，是这个城市最扎眼最诱惑的风景。对摩登女郎的声讨延续到 1930 年之后民国的整个时期。

问题在于，摩登女郎使用国货是否就能挽救 20 世纪 40 年代民族工业的颓势？摩登女郎身负重罪与重任的处境，无非是在内忧外患的时局下，社会通过对女性的指责和贬斥释放焦虑的另一种表现形式。以国民政府为主导的"反摩登女子"声浪，变成了社会各界动机立场各异的合唱，更加凸显了政府倡导的新贤妻良母形象。但是，无论如何围剿摩登女郎，都无法完全改变当时中国妇女的困境，无法摆脱外来资本对中国民族工业的压制，无法改变中国社会的失业、贫困和混乱。当时不少报刊也试图重塑摩登的形象，提倡真正具有现代意义和进步意义的摩登，但在没有实现根本意义上的妇女解放的时代，这只能是一种思潮和呼吁。无论是"反摩登女郎"还是对"摩登女郎"的再造尝试，客观上的结果都只不过是使贤妻良母的女性形象更为广泛地被接受。

维新运动以来的社会精英和上层知识分子大力提倡女性教育、女性就业和女性经济独立，同时，反对女性就业的声音从来没有停止。有论者认为，女性就业不过是赶一场女权主义的时髦，也有人指责女性入职无非是为钓"金龟婿"或满足自己的高消费欲望。20 世纪 20 年代末期，南京政府机关开始出现了以"花瓶"代指女职员的说法，认为女职员没有工作能力，如同花瓶一样是摆设。事实上，各大公司招募女职员也的确是为了消费女职员的女性特质，如永安公司招聘的"康克令皇后"、新新公司的"水仙花皇后"等。与"反摩登女子"的主张者同样，将职场女性视为"花瓶"的批评对女性的消费习惯、衣着打扮、行为举止无不大加指摘，甚至作打油诗讥讽，并暗示女性之所以能在职场立足是由于与男性上司有暧昧关系。

不可否认，对"摩登女郎"和"花瓶"的口诛笔伐有其现实的依据和积极的意义，带有倡导女性以质朴为美、关心国家政经大事、实现自我价值的正面意义，但其更多的是在反映男性社会对女性在近代舞台上表现出的能力和诱惑的焦虑不安。有的漫画和报刊甚至将摩登女郎的出现视为男性尊严的丧失，将女性塑造成玩弄男性感情和财产的形象。这些带有恐慌的指责，也是对女性的恐吓，告诫她们不要轻易地进入男性统治的领域，否则会被视为物化的象征，得不到尊重和安全。

（二）关于女性由教育走向职业的言说

女性的社会性别的多重性使女性在工作中不断遭遇舆论的纷扰和现实的倾轧。在 20 世纪二三十年代男女平权的政治话语中，男性统治已经丧失了某种明显的、直接的东西，但是建立这种统治的某些机制，比如社会空间的客观结构与这些结构在男性和女性身上产生的配置之间的循环因果关系，仍在继续发挥作用。女性被抛入的这个按照性别等级划分的世界，向女性不断颁布这沉默的、看不见的指令，与恢复秩序的明确要求一样，企图使女性将随意的规定和禁令当作自然而然和天经地义的事情接受，这些规定和禁令被纳入事物的秩序之中，还不知不觉地被铭刻于关于身体的秩序之中（布尔迪厄，2002）。例如，1925 年 10 月，《妇女杂志》第 11

卷第 10 期刊登了汤尔和[①]的《欧洲诸国人口之减退》，在文中，汤尔和对女性到社会上从事职业带来的问题忧心忡忡，带着一分"怜香惜玉"的心态，对鼓励女性自给独立的言论表示愤慨，认为女性就业将牺牲其养育儿女的天职，甚至影响道德品行：

> 但滔滔汨汨，奔腾而至，所谓生活难之巨浪，完全以妇人之自活者为牺牲，而于所谓妇人天职，宜万分努力，吾人之所希望者，则适成反对。弱者美者，毫不留情，卷入涡中，以妇人自活问题之故，宁使牺牲其天职，观于此，不能不为怵然者有之，近来妇人之职业，与贞操问题之关系。观世人之所论，亦为叔世之悲风而带有一种哀音者，不能不为之战栗也。（汤尔和，1925）[1573]

与之针锋相对的观点俯拾皆是。华因的译作《妇女的职业倾向》从心理、智力、生理、情感各方面对两性的差异进行分析，尖锐地指出，认为女性因生理上的弱质不能从事男性主导的商业等专门职业的人，并未因此让女性在生理期时暂歇家务。"若单就眼前所知道的而讲，则妇女的智力正和男子的一样具足，很可以担任人间所有的一切职业。"（荷令华斯，1925）[1305] 然而应然与实然之间是有巨大差距的，"华因们"并没有再回答，既然智力上妇女可以胜任人间所有的职业，为什么当时大部分职业中女性仍遭遇持续良久的不公和非议。

另有一种观点介于两者之间，认为女性赋闲在家不事生产是不利于身心健康且可耻的，但为了外出就职抛却对家庭的责任也是失职，所以应当为女性提倡一种能够在家庭中开展的园艺、手工等领域的职业。这种论点似乎是很有现实基础的，论者不无尖锐地指出："我们看见女子能兼顾这两方面而能持久的，实在很少很少。我常听见人说学师范的女士们，结婚以后，就专门做少奶奶，不教书了。其实不但学师范如此，就是

---

① 汤尔和（1878—1940），杭州人，民国时期华北汉奸集团中的专业知识分子头领。

学其他的职业——须在家庭以外从事的职业——都有这同样的现象。"（思退，1926）[400] 为全面起见，他也承认，他为女子设计的家庭工艺和家庭园艺类的职业，并不是说女子不应参与其他职业，而是说"若具有特殊能力之女子，能有兼顾家务及社会服务之能力，固然更好"（思退，1926）[401]。他提倡为女子提供低成本、能独立经营、符合社会需要而有教育价值的家庭工艺职业教育，以达到补贴家庭经济和增强国民生产力的目的。这其实是对新贤妻良母教育和女子回家论的另一种表述。究其根本，当时的社会还是对女性与男性从事同样职业的可能性和合理性心存疑虑和焦灼。事实上，时至今日这一氛围仍然萦绕在女性身边。

（三）男女同校的话语

《奏定女子小学堂章程》和《奏定女子师范学堂章程》固然打破了不准女子入学的禁令，但在当时清政府的学制中，女子的修学年限均比男子少一年，女子不能与男子同校读书。1912 年，当时的教育部颁布《普通教育暂行办法通令》，初等小学实行男女同校，但高等小学男女生须分别编级，中学仍实行男女分校。中小学女生修业年限与男生一样，但女生要加修缝纫、家事、园艺等课程，客观上减少了其他课程的学习时间。

1919 年，杜威结束在日本的讲学后，接受胡适、蒋梦麟、陶行知等及门弟子的邀请，先后赴上海、南京、北京等地讲学，宣传民主与科学的思想，对中国教育界产生了极大的震动。杜威大力宣传男女同校，认为如果想要打破男女之间的隔绝的阻力，男女同校便是一大利器。五四运动之后，男女享有平等接受教育的权利在形式上被确认，初等小学和高等小学逐渐实行男女同校。1920 年，北京大学在蔡元培先生的支持下开女禁，南京高等师范学校在陶行知先生的倡导下与北京大学南北呼应招收女生，此后高校招收女生在全国蔚然成风。但男女同校的过程却发展缓慢，许多中学虽然开始招收女生，但另设女子部，实际上还是男女分校。1927 年，教育部正式承认了中学男女同校的合法性。但是，制度体系与教育实

践和社会舆论之间本来就有遥远的距离，何况在新旧思潮交替上演的近代
中国。

反对者认为男女同校违背了授受不亲的古训，学生正值青春年华难免
打破男女大防行为失当，且男女使命不同不应以同样的课程施教。拥护男
女同校的一方认为，男女同校可以节约教育经费开支，使两性养成完满的
人格，打破对女子的歧视，减少男女间因不了解和好奇而产生的不道德亲
密关系，并为自由恋爱和自由结婚打下基础。唐慎行女士在以一篇长文论
男女同校之必要性之后，发出强烈的感叹：

> 反对男女同校的人们啊！你们知道男女不可分行的呀！你们要防
> 男女间发生不道德的行为吗？……那末，你们赶快把全世界的女子搬
> 到亚洲，全世界的男子搬到美洲吧！可是聪敏的人类，仍旧可用轮船
> 穿大洋的，仍旧可有做不道德的行为的可能性的啊！……你们家庭里
> 男女混杂不清，不会发生不道德的事吗？你们为什么不把男女俩隔离
> 呢？（唐慎行，1923）[20-21]

双方各执一词不下。而中立者则认为，应当实行有条件的男女同校，
即在男女学生之互相自爱、明其真谛、互相规勉、勿越范围的基础上男女
同校（邱良玉，1924）。

无论外界如何喧哗，20 世纪 20 年代，沪上新式学校实行男女同校已
不再是新鲜事。1935 年，上海中学女生数已占学生总数的 29.8%（《上海
妇女志》编纂委员会，2000）[463]，1933 年，普通高校女生数已占学生总
数的 14.5%（《上海妇女志》编纂委员会，2000）[466]。积极的新女性社会
活动家对男女同校是持认可态度的，有新式思想的男性也积极倡导和支持
男女同校。然而身在其中的普通女性却有不同的感受。

1925 年 10 月，《妇女杂志》刊发了一篇署名青石的女士的文章《男
女同学的我》。文章将男女同校视为一种无法言说的苦闷，倾诉了青石女
士在学习、交往中感到的种种忧惧：

我的苦闷，最大的原因，就是由于男女同学；因为我从来没有经验过尝试过这样的生活。

F校在我们城里要算是一个很有名誉很有声望的学校，去年招考的时候，我并已在无锡的一个女校考取了；后来见F校招考，又因近在家里，不过就是男女同学；但是我很果决的，或者给我以前要有异样的生活；第一因为无锡路远，第二因为要尝试尝试，因为这两件自私，所以引起许多苦闷和烦恼，就是到现在，我还是在苦闷着。（青石，1925）[1633]

初到上海的乡下姑娘青石显然后悔自己任性选择了男女同校的学校，在学校白白受了许多的烦恼。保守的、安全的小环境乍然转成男女同校，所引发的"青石们"的惶然在男性占统治地位的社会中不断地被放大。在性别化的世界中，人们不期待女性完成某些行为，甚至无须明确拒绝她们。看似男女在同样的空间接受同样的教育，女性产生的却是一种被歪曲的体验。生活在闺阁的真空中的女性，得到了男性无时限的赡养和保护，心理上的幽闭使她们产生习得性无助（布尔迪厄，2002）。青石女士倾诉道：

唉！苦极了，闷极了！前后左右都是男同学，间或在课里有问题，或者抄笔记有不清楚不明了的地方，固然怕问道教师引人注视，又怕请问同学受人狞笑，所以不管青红皂白，有精神就听听，有时间就写写，就有许多疑问也不得解决，也无从解决了。

再听钟五下子响，就急忙再把书夹着向"牢狱式"的"女生休息室"里跑，也无心看书，仿佛受着许多束缚的一般；我看R君非常快活，由是我不得不慕羡她，因而也"由羡生妒"了。因为R君一开始就是男女同学，她很惯尝这样的生活，我看她毫不觉得苦闷，并且很快活似的。（青石，1925）[1634]

R君是这所学校校长的女儿，从小就在男女同校的环境中学习，无法理解青石的苦闷。唯一的女性朋友不能与自己有共鸣，青石在学校的生活度日如年，学习的效果自然也不会乐观。然而，尽管她没有觉察到，男女同校的煎熬也使她的自我意识逐渐强大：

> 我本来是乡下的半文明式的女子，因为有个嫂子住在城里，她倒待我非常好，我并且住在她那里；可是有这样坏处，放学回去，都要拉着你看牌啦！瞧戏啦！我若是拒绝她们，她们必定很肯定的说："你要这样呢，我们女子上学是玩意账，又何必这样呢？"我听了这些话，也不容我不跟着她们走，跟着她们逛，唉！固属也没有人共同的研究，并且连自己要研究也没有空，尤其是"女子求学是玩意账"这句话，更令我痛心，我固然要替我自身哭，有时也替女同学们哭！（青石，1925）[1634]

青石女士虽然接受了部分新时代带来的新事物及生活的便利，但本质上还是恪守传统礼教的半新不旧的女性。大致是由于出身小康之家，家里觉得女儿总是要进新式学堂读书的，青石才考取了无锡和上海的中学校。由于少女的好奇，也由于上海的地理位置较近，青石选择到上海进男女同校的学校。入学之后与男同学的交往遇到了障碍，与作为家庭妇女的嫂嫂产生观念冲突，都是她难以言说的苦闷，只能借杂志的一角略抒己怀。若无良师益友开解，想来青石熬过这段求学时日后，是要逃回旧式虽无趣但安全的生活中，做一个"女结婚员"了。

相比而言，新转到男女同校学校的可儿感到的更多的是对环境的陌生和迷茫，她被男同学的"笑声骂声弄得昏了"，心"忐忑的跳着"，"觉得四面的空气非常紧张"（可儿，1930a）[215]，"从前在女校的活泼的勇气和顽皮，在这当儿不独打了折扣，而且要暂时收拾起来"（可儿，1930a）[215]（可儿，1930b）[223]。她有些想不明白："天下间的男女，为什么有你要留心我，我留心你的思想，好像是磁石吸铁的一般，这岂不是一件怪事吗？"（可儿，1930c）[231]同学间拿萌动的青春恋情开玩笑，使她迷惑了："男女同学是有利呢还是有害呢？男女同学于学问上、道德上，有影响没有呢？""怪不得那些壁报小报画报都要载着男女同学的笑话或其他事实。"（可儿，1930d）[239] 可儿的迷惑恰证明了卫道士们的担心，男女同校是自由婚恋的开始，也是对社会秩序的撬动和变革。

1944 年，女作家汪丽玲在《大众》杂志 4 月号至 7 月号上连载了小说《婚事》。《婚事》中，少女罗敏从一所传统的女子中学考入了新式的男女同校的省立中学，与男同学赵仪相恋了。这青涩的恋情可不尽是美好，罗敏受到了女同学的排挤和非议，老式家庭妇女的母亲"男人都是靠不住的"教训时刻刺痛着她，她畏缩了，开始冷落赵仪。在赵仪的坚持下，赵母亲自来见罗敏，并向罗家提亲，罗敏又生出了希望。但亲事却被门第之见很深的罗母几次拒绝，因为赵仪的生母并非正室。罗敏的爱情，被母亲一句轻飘飘的言语彻底抹杀了。这出 40 年代的校园悲喜剧，笔调细腻入骨，刻画了新与旧、西与中的对立。罗敏身上活泼的自然天性，在进入男女同校的学校之前始终被家庭和女子中学合谋压制。新式学校相对宽松的环境，使她的天性复苏了。与青石不同，她在男女同校的学校里生活得轻松愉快，并邂逅了爱情。但在面对流言和礼教的时候，罗敏与青石的反应并无二致，她逃避了。她从未主动向母亲争取过自己的选择，甚至没有表明心意，她指望通过赵母提亲这种传统的渠道实现心底的愿望。罗敏的妥协没有任何效果，这点奢望幻灭了。

20 世纪三四十年代先后在男女同校的小学和中学就读的施先生回忆他的女同学们的时候，几乎没有一个明确的印象。他记得小学时班里的女同学很少，而且不太讲话。中学时女生的存在还引发了班级秩序的混乱：

> 老实说过去旧社会男女同学是不太接触的，而且（女同学）人数真的少。我在吴淞中学，那时候甲乙丙丁一共四个班级，我在丙班，里面没有女同学的。那时候对老师的要求很高，我们班级的班主任就是浙江美专毕业的。为什么他不要女生呢？因为我们上一届有男有女，男生比不过女生，就有男生带了小茶壶去欺负女生，把水弄得到

处都是，把班主任气"死"了。他就和校长说，要么全部男生，要么全部女生，不要男女同班。所以，从我们这届（1941年）开始，（这个班）就叫和尚班了。①

与施先生同年代的张先生的印象则是：

> 中学时候班里女生很少，男生有40多个人，女生只有8个人。小学时候有的女生成绩还很好，到了中学都不太好了。我对那时的女同学基本没什么印象，她们都不大讲话的，成绩也不如男同学，那时候男女同学之间根本不来往。②

施先生和张先生作为亲历男女同校的男性，对女生基本持着一种漠然视之的态度。施先生的老师为了避免女生带来的"麻烦"，索性在男女同校的学校里设了一个"和尚班"。

在大多数普通的男女同校的中小学校中，女生是相对沉默的群体，也是懵懂的男童恶作剧的对象。肖医生在回忆自己的中学时代时说起受男生"欺负"的经历还是非常愤愤不平：

> 读初中的时候我到重庆读复旦中学，这是个男女同校的学校，男生经常欺负女生，给我们起外号什么的，我们几个同学气不过，我们不比男生差呀！一商量，我们就自己转学去了淑德女中。③

在女生与男生发生冲突的时候，作为教育主导者的男性教师选择了在自己的领地中"驱逐"女生，而"肖医生们"则一走了之去了女中。

---

① 来自2018年1月19日研究者在上海市徐汇区施先生家中对施先生的访谈。
② 来自2017年11月16日研究者在上海市长宁区张先生家小区活动室对张先生的访谈。
③ 来自2017年10月19日、2017年12月3日研究者在上海市长宁区肖医生家对肖医生的访谈。

顽皮的男童和知慕少艾的少年从来都是存在的。而在近代男女同校的教育生态中，他们与女生的互动引发的争议，往往直接指向女性是否应该与男性同时出现在一个现场。这就如同维新派对女性"分利"这样不加辨别的指责一样，如同当代对受到侵犯的女性衣着不当的非难一样，是在默认男性优先选择权的前提下发出的声音。

一位化名可人的圣约翰大学男生在1939年的《学与生》杂志撰文，表明了自己对男女同校的观感，或可作为这个具有现实意义的话题的开放性答案。圣约翰大学是较早实行男女同校的，但当中有数年无女生入学，使可人同学感到在沪江大学的同学面前颇无颜面，直怕人家问："你们约翰太守旧了，怎连女生都没有？"有了女同学之后，他"可以昂首直走，再不怕那般沪江同学的嘲笑"。（可人，1939）[40] 他写到，圣约翰大学的男生在女同学面前打扮得颇为考究，将休息室让给女生自己在走廊上逛，在公交车上给女生让座位。同时，他也有点小小的怨言，觉得女生对成绩太看重，得了一个 E 要哭三天，而且对男生有点恃身份爱答不理。不过他对女生在校园里的出现终究是肯定的，并将男女同校上升到共同走向新生活的高度：

> 约翰有了女生，好像平静的海起了个波澜。学生们为了新的对象，正不知怎好。从前刁皮的噪闹，现在是无形中逝去了。动一动就怕失礼，大家全戴着有绅士淑女的假面具，无论男的，女的。有人说：这是过度时代应有的现象。……约翰有了女生，好像伊甸园里有了夏娃，夏娃是人之始，约翰女生也是人之始，那就是教我们怎样做人。（可人，1939）[40]

事实上，关于男女是否应该同校的讨论从未停歇。毋论近代中国在制度层面对这一抉择的犹豫与反复，20世纪60年代上海将几乎所有改造而来的女中变为男女同校，今日人们又再纠结是否应专设女子学校和男子学校，这个话题的热度仍在。围绕男女同校的论争与实践，反映了女性社会性别和社会地位的变化。

（四）近代女性对社会性别角色的自我认知

在学校和职场两个空间中，女性首先是性别意义上的存在，然后才会涉及与男性共同的权利和责任。很明显，20世纪二三十年代，上海女性在社会性别角色认同的起点上就面对着观念和世俗的障碍，对于多数女性来说，她们在尝试人生职业发展的选择上都难免会陷入两难的尴尬处境，她们或是甘守谋职自立的寂寞，或是回到为人妻母的传统命运（罗苏文，宋钻友，1999），而真正完全意义上可以实现由社会而家庭到自我角色认同的女性只是极少数拥有良好教育背景和家世的中产阶级职业女性。当然，把女子职业问题视为中产阶级的问题，难免失之偏颇，但是揆诸史实，从其时代发展趋势和群体代表性而言，我们仍然可以从中了解到阶级意识在妇女问题上的强烈渗透（王绯，2004），以及历史现象背后无所不在的现实观照（谢忠强，刘转玲，2012）。

生活空间的扩展和社会角色的多元，造就了近代上海女性的坚韧和强大的生命力。在动荡的生活中，普通的上海女性在社会性别意识上表现出自我实现和独立的倾向，在争取教育和经济（职业）的权力、分担婚姻和家庭的责任时，她们有自己独特的声音。

同时，我们也要意识到，对大多数近代普通女性来说，教育还是一件奢侈品，是家庭满足了同辈男性成员的教育需要之后的"赐予"，这是因为，中国传统家庭历来把教育费列为家庭大额投资，但投资对象仅限于男性（张素玲，2007）。在我们的访谈对象中，多人曾提到在1949年之前甚至在新中国成立初期，普通的上海家庭总是将女孩的教育需要置于男孩之后。究其原因，一方面是教育费用的负担，一方面是对女孩教育收获的低期待。然而在家庭经济陷入困境时，又往往是女孩被推在谋生的前沿。

许多女性选择了努力抗争和说服家人，为自己谋得受教育的机会。董医生回忆：

上海解放前是半殖民地半封建社会，认为女人不需要读很多书，只需要认几个字。家里来了客人也让女孩子走开，看不起女孩。我家有我、姨表姐、舅表姐三个女孩。我和姨表姐不满老一辈看不起女孩子的做法。我舅表姐则受我外婆的思想影响很深，她不肯读很多书，初中毕业就出嫁了，生了6个小孩。我姨表姐认为女孩子要争气，要自立，不要依赖男性，要自己尊重自己，我和她志向相投。我姨表姐以前经常借冰心和杨绛的书与我一起看，尤其是冰心的书，我印象很深刻。姨表姐的父亲是开石灰行的，在家里不太管事，账务等都是她母亲管，这影响了她的观念，觉得女的与男的比也不差。我姨表姐对我影响很大，她教我要靠自己，不要靠男人。①

在董医生的叙述中，教育意味着摆脱家长的安排，改变自己的命运，女性只有通过教育才能成为独立的社会人，且女性必须作为一个独立、自尊的形象存在。

如果说董医生尚有幸出生于中产之家，并有姨表姐的鼓励和引导，展老师的教育之路则更加不易。展老师从小被收养，养父母对她的感情非常淡薄，家中的条件也有限：

我在厦门路小学读过两年书，后来搬到闸北之后就没再上学读书了。白天在家里帮妈妈做中式衣服，我给她做小工，打下手。晚上我到宁波路读夜书，又断断续续读了两年，基本达到小学毕业的水平了。家里叫我去工厂，叫我去挣钱，我不肯，叫我嫁出去我也不同意，我还是想读书。这时还好解放了，我就自己去了市六女中报名。②

展老师对教育机会的孜孜追求使她摆脱了入厂养家嫁人的命运，在进

---

① 来自2017年11月26日研究者在上海市徐汇区董医生家中对董医生的访谈。
② 来自2017年11月16日研究者在上海市长宁区展老师家小区活动室对展老师的访谈。

入中学之后，她很少回到领养家庭，只对养父母尽基本的赡养义务。在成为专业领域的工作者后，董医生和展老师仍然保持对教育的热情与追求，董医生通过四年夜大学的进修获得了医学本科学位，展老师通过夜大学和自学成为一名工程师。

丁阿姨的教育是在与家庭和战争的对抗中断断续续获得的。她5岁被领养到宁波乡下，虽然祖母对她很好，但养母病逝后养父续娶的后母不愿继续支付她的教育费用。"她叫我不要读书了，我不愿意，我读书成绩一直很好的，在班级里都是前几名。后妈叫我不要读书，我跟老师讲了。老师特意到我家来了一次，跟我后妈说，我成绩很好，如果继续读书可以帮我申请不要交学费，我这才能够读四年级。"[①]之后，日本的侵略深入到了宁波乡村，丁阿姨最终失学了，苦于乡下没有书报，她连自学也不能够。在这一境况下，她差点为了一点知识付出了生命的代价："我记得我从人家那里要到一份报纸，也是过期很长时间了，藏在家里看。有一天我正在看，突然一个日本人进来了！我吓得一下子把报纸扔在锅里。他倒不是很凶，就问：你在看什么？是不是共产党给你的？我说我什么也没看，我不知道什么共产党。他上来掀开锅看看，也没再说什么，竟然走了。"[②]丁阿姨辛苦积累的知识最终使她获得了认可，解放初期她以高小毕业的文凭被推举为村妇委会主任，后来跟丈夫来到上海后通过自学胜任了政府机关文员的工作。

女性一旦获得了受教育的机会和独立的收入，往往就会成为家庭依赖的力量，并会为家庭中的其他女性提供一个进身之阶。王翠玉校长就是在她的大姐的牵引下一步步从孤女成长为革命者的：

> 我大姐比我大15岁，那时候也就20多岁，她一个人凭助产士的工作要养我，还要供我读书，过得不太好，还好那时候有上海的一些

---

① 来自2017年11月16日研究者在上海市长宁区丁阿姨家小区活动室对丁阿姨的访谈。
② 来自2017年11月16日研究者在上海市长宁区丁阿姨家小区活动室对丁阿姨的访谈。

亲戚的帮助。我和她就睡在老上海的亭子间的地板上，我也算在家里劳动惯了，就帮人家领孩子、洗尿布。有一个小舅是在银行里工作的，人很好，他看我帮他们家里做了很多事情，就教我从描红本开始识字。后来我就到一个里弄学校直接上了三年级，因为那时候我也已经 12 岁了。①

口述者们生动的故事反映出，她们将教育与自己的社会性别角色紧密相连，无论家庭背景和教育经历如何，她们不约而同地把教育视为改变人生的重要路径。幸运的是，她们在青少年时代迎来了 1949 年。而在近代的职场上，女性要实现自己对社会性别的设定，则面临着更多的压力。

一位署名康果的女子在 1941 年《妇女界》第 3 卷第 8 期发表的文章《邮政局女职员》中用细腻的笔调，通过自身求职的经历，叙述并解释了女性获得社会资本的途径：

> 最近因为受到失业的威胁，所以不论什么公司，洋行，机关，只要那里有女职员任用着的，都把履历书一封一封寄出去，除了寄履历书之外，我又把朋友或同学们的任职机关名单记录下来，若然这个公司或机关，曾经有我的履历书寄了去的话，我便去拜访她们希望她们能够指示我关于投考该公司的一切情形。昨晚饭后曾到任职于邮政局的老同学 X 君那里，她明白了我的志意之后，很诚恳地告诉我一切，同时我们在谈话中，又谈到她那里的女同事生活情形，现在就记忆所及把她记录下来，也不虚我们这一席谈话。（康果，1941）[6]

写稿者是一位受过良好教育的新女性。在写作这篇文章之前，曾经是一位职业女性（女职员）。她拥有良好的女性社交圈，同学们也都同她一

---

① 来自 2017 年 12 月 20 日、2018 年 1 月 11 日、2018 年 3 月 20 日研究者在上海中福会养老院对王翠玉校长的访谈。

样，是有职业的。她们任职的范围是比较宽泛的，包括：洋行、机关、公司。这位女性在失业后并没有选择退回家庭，而是选择继续就业，并试图通过社交圈来寻找职业机会。

康果从历史、地位和待遇、婚姻态度、文化水准四个维度剖析了当时女性就业的状态和问题：

> 据说上海邮政局的录用女职员，始自民国十七年"国民革命成功"以后，这时，女权运动蓬勃兴起，政府为适应潮流起见，准许国家机关录取女职员，以后邮局在历次招考中，不分性别，合格者录取，初时女的被录人数，不满十位，后来逐渐增加，及至战后，在数量上大为增进，到目前为止，已经达到九十人之多，若没有这禁止已婚妇女投考的条文颁布的话，恐怕以后人数，会得蒸蒸日上。
>
> …………
>
> 邮政局的职员地位，分甲乙邮务员，邮务佐，信差等：那里的妇女，只占乙等邮务员，和邮务佐的地位，没有一个升到甲等邮务员的。据说这个机关，对于职员们的分配职务和擢升等级的机会，并不限于性别，只要那一个服务年限到期，有擢升的资格的，便按着考试合格程度，让她们升级，可是女的在这十余年中，始终停留在乙等邮务员地位，这是否由于我们妇女缺乏一种雄图大志，和没有向前跃进的勇气？抑或我们妇女的知识水准，一向受到封建和社会习俗的束缚，不能和男性平衡发展？或者还有其他的原因存在？
>
> 因为职务是按着等级来分配的，所以该局对于女职员的薪俸和其他待遇，都是照章规定实施。（康果，1941）[6-7]

康果女士的遭遇与不平，客观上也有当时经济混乱、失业频发的原因，谋职困难对两性而言是同样存在的问题。但以女性身份发出的声音，往往基于女性这一性别，基于女性遭受的性别歧视与压制；以男性身份发出的对时世的叹息，则往往基于家国流离的现实。近代媒体的发达与女性文化生活空间的拓展，使女性的声音日渐清晰可闻。然而，从噪声中分辨出女性"被裹住的"声音并不总是一件容易的事。正如许多男性只是把女性当作衡量自身价值的尺度一样，许多女性即使谈论的是自己，关注的也是她们和男性之间的关系。只有在性别和性彼此相关而不被孤立开来时，我们才能真正地理解性别与性。（雷金庆，2012）

然而当我们将家庭视为与其他社会机构同样的社会生产单位，重新审视女性在家庭中的作用时，一种新的话语就产生了。1916 年 7 月，时任《妇女杂志》主编的日美留学生胡彬夏女士 [①] 在其社论《二十世纪之新女子》中对新女性的社会性别角色提出了独到的看法。这篇文章可以被视为一个小型的教育叙事研究，描述了三位她理想中的美国女性，她们均接受过高等教育而回归家庭，辅助她们身为律师和大学教师的丈夫，将家庭打理得井井有条，同时自己在社会活动中处于很高的地位，在空闲时间著书立说。胡彬夏从三位美国女性的生活中感悟，20 世纪的新女性应具备三个特征：一是学问高深自居谦逊，二是圆通广达无所不能，三是发展智能益世助人。胡彬夏认为，具备这三个特征的女性的自我实现舞台恰恰是家庭。胡彬夏将家庭视为与社会平行的场所，将女性视为在家庭中主动发挥聪明才智、建设家庭从而推动社会发展的优秀分子，认为男女的差别在于其施展能力和才华的场所不同，与男性在社会中实现自己的价值一样，女性也可以在家庭中构建自己的主体地位。（朱胡彬夏，1916）

抗日战争时期的家庭妇女证明了胡彬夏的观点。1939 年，《妇女生活》杂志组织了一次家庭妇女座谈会，与会的家庭妇女纷纷表示，虽然自己经济没有独立，但要把手头能够支配的钱和首饰捐出来作为抗日战争的费用，有智识的家庭妇女表示要教给身边的仆佣文化知识，并积极读书看报在邻里之间宣传抗日、为前线战士募集寒衣等（何紫，1939）。

---

① 有趣的是，胡彬夏本人过着一种相当职业化和社会化的生活，作为杂志主编和沪上著名社会活动家，她并没有像自己文中的理想妇女一样，在家庭中成为核心。同时，她始终将夫姓朱冠于自己的姓氏前从事活动和发表文章。胡彬夏可以说是这个新旧交替的时代之中特殊而又普通的女性样本。

与在职场中做"花瓶"的职业女性相比，这些家庭妇女的社会性别意识显然更为进步。张允和[①]后来在接受采访时也一再强调，我就是一个家庭妇女。这样一个在光华大学读书时写下"我生长在一个开明、快乐的家庭，又自认为是'五四'以后的新女性，我为什么要愁？要悲……"（张允和，2014）[109]的女性，并没有遵循着新女性的路径一直走下去。张允和曾经撰文《女人不是花》，她说，那时女人参加工作的很少，就算被有些部门要去也只是当摆设、当花瓶。"我不愿意做这样的人，也希望天下所有的姊妹都不做这样的人。"（张允和，2014）[115]本是喜欢花花草草的她，在写文之后为了实践自己说过的话，竟然连花也不养了，一生只爱无花果。

因此可以认为，家庭中女性的自我认识和觉醒，并不像一般的社会学研究想象的那样，是因循守旧和闭塞保守的。女性所处的场域以及社会身份与她们的自我认识之间的关系颇可寻味。在接下来的章节中，我们将分别从不同职业的女性的自我视角分析女性在教育和职业中认识自我和重塑自我的过程。

近代上海城市发展的特殊历程和特殊地位，使它成为中国最多元、最现代化的地区之一。这一特质表现在女性教育上，是使更多的普通女性得到了受教育的机会和更加正规持续的教育；而体现在女性职业上，则是为女性留下了前所未有的广阔的职业空间。在发展的过程中，这个城市本身也表现出它女性化的一面，即女性生活空间的拓展和消费文化的出现。因此，多元的女性教育和女性职业出现在近代上海，是历史发展之必然。在近代上海，女性与城市是互相成全的。可以说，只有将女性社会性别的演变纳入上海都市的发展中，才能深切地展现近代上海复

---

①　张允和（1909—2002），著名的"张家四姐妹"（"合肥四姊妹"）中的"二姐"，中国语言文字专家、周有光先生的夫人。张允和毕业于上海光华大学（今华东师范大学）历史系，1933年出嫁后就随丈夫的教职迁往各地生活。曾为上海某高中历史老师、人民教育出版社历史教材编辑。1956—1964年任北京昆曲研习社联络小组组长，工作属义务性质，故自称"家庭妇女"。晚年致力于写作，著有《最后的闺秀》《昆曲日记》等书，并续办家庭刊物《水》。

杂的样貌。

在学校和职场中，女性开始是外来者和陌生人，她们沿着以男性为主的社会设计好的路径行走了很长时间。一旦女性真正进入了社会，她们的主体意识就会开始觉醒，女性意愿与男性设计之间的矛盾就会日益尖锐。社会对女性的期待、给女性提供的教育和就业机会以及社会本身的变迁，影响着女性的教育与职业生态，但女性的自我认知与现实之间的冲突，以及女性为话语权和主动权而展开的奋斗，不会因为外部的压力湮灭，相反，只会在阻力中变得更加鲜明生动。普通女性对教育权和职业权的珍视以及为此付出的艰辛努力，使一个个细小的声音成为不可忽视的回响。

女性在教育和职业中认识到自己可能获得的性别角色和社会权利，但这一认识不是同质化的、线性前进的。女性在近代见到并实现了前无古人的多样化，虽然选择并不那么顺利和愉悦，虽然付出的代价是沉重的，但是女性最终有了推开家门的资本和勇气，也有了回到家中的选项和自由。家庭中的女性在近代上海逐渐成为核心，她们的智识与能力在很大程度上决定了小家庭的社会文化资本。故此，并不是所有走出去的女性都是解放的，也不是所有留下来的女性都是守旧的。时代和城市的发展，为所有空间的女性提供了一种新的人生可能。

第 二 章

近代教育造就的女性职业教育者

教育是上海女性涉足较早、印记较深的职业领域。女性处境的变化本身总是遵循着男女区分的传统逻辑，男性继续统治公共空间和权力场（特别是生产方面的权力场），而女性致力于象征财产的经济逻辑和永久存在的私人空间（家庭、生殖场所），或这个空间的延伸形式即社会服务机构（尤其是医疗机构和教育机构），或象征生育的空间（文学场、艺术场或新闻场等）。传统中，适合女性的职能往往属于家庭职能的延伸——教育、护理、服务（布尔迪厄，2002）。女子因为性情和生理上的关系，常常不能做工程师，不能做政治家，更不能做军人，因为她们的性情是温和的、慈爱的，她们的生理是比较柔弱的，负有生育的责任（炤祖，1935）。由此，女子职业向教育和医护发展，而在医护事业尚未发展到一定规模时，女教师已经随处可见了。

在历代的文献记载中，母亲在家庭中承担教子职能的故事俯拾皆是。尤其是在明清时期，江南一带印刷业发达，书籍成本降低，受教育的门槛也随之降低，相当多的女性可以通过各种途径获得一定的文化修养，基本可以读书识字，可以亲自启蒙和训诫子女。即使在儿子入学塾之后，母亲仍然承担着陪读和监督的职责。她们督促儿子的学习，关注儿子的交友，与儿子发生紧密的情感互动。母教加苦读的例子，在江南士子的记传中屡见不鲜，如海瑞的母亲亲授他《孝经》《学》《庸》，明代户部侍郎吴道本的妻子林氏对其子吴梦麟口授《论语》，等等。明代南京户部郎中陆恺的母亲李氏的辛勤课子，最终为家族带来了社会地位的提升，四个儿子三个在朝为官，一家贵显。（张杰，2015）母亲对家庭教育的付出使家庭中恩报的义务关系得到巩固和传承，使社会道德得以顺畅地延续和稳定地再生产，女性作为启蒙教师和学业督促者的形象建立了起来。

一个受过教育的女子对家族教育和家族命运的重要作用受到江南士绅阶层的重视，让女子受教育以便于家庭地位的维持和提升成为明清江南一带中上阶层对女性的现实要求。在这一背景下，明清出现了"闺塾师"，她们从传统的才女群体中走出来，实质上参与了地域文化的生产和消费。"闺塾师"是女性教育制度化的一个谨慎的尝试。这些巡游的知识女性都是文人家庭的女儿，她们通过为江南富裕地区和都城附近的上流人家女孩教授儒家经典、诗歌艺术和绘画而谋生，如18世纪的女作家苏畹兰这样成功的塾师还开办了自己的女家塾。（高彦颐，2005）我们访谈到的原纺织女工周师傅的母亲就是这样一位清末民初的闺塾师，她在失去职业收入和职业空间之后，仍然在困苦的生活间隙教授自己的女儿简单的文化知识，使她能够获得争取自己的职业和婚姻自由的勇气。这些女性的生活是最早的女教师的职业模式，她们从容地穿越了家庭给女性设定的界限，但同时又保持了闺阁的神圣性和性别单一性。

一、女教师的职业与生活

（一）伴随女学出现的女教师

不计教会学校学生，1907年，全国小学女生数为11936人，占全体小学生总数的2%；1919年，初等小学女生增至190882人，占初等小学生总数的4.3%，高等小学女生达24744人，占高等小学生总数的5.54%；1923年，初等小学女生达368560人，占初等小学生总数的6.34%，高等小学女生35182人，占高等小学生总数的6.04%（蒋美华，蒋英华，

2001）[119]。

女学在初兴时，几乎可以说是家庭外的另一个闺阁。近代社会在允许女性走出家庭进入学校接受教育的同时，将女学划为另一个禁地。在早期女学的校规中，不允许学生接受女性家长以外的亲友探访，实施近乎禁足的管理。为维护传统社会道德的传承和社会风俗的稳定，办学者和各地官府希望女学全由女师授业。在尚未来得及培养教育女学生的女先生之前，女学的教师主要由外籍女教师、接受传统教育的闺秀命妇和年长德高的男性担任，女师的缺乏制约了女学发展。

1907 年 3 月，《奏定女子小学堂章程》和《奏定女子师范学堂章程》颁布，女性教育终于被正式列入学制。两部女学章程明确规定女学堂须聘用女教员，女教员须品端学优，素有学识并有教学经验。

上海是最早开始进行女子师范教育的地区。1898 年，经元善创建经正女学，设师范专门科，为中国女子师范教育之开端。1904 年，上海改龙门书院为龙门师范学校，为上海第一所独立设置的初级师范学校。上海也是中国创建幼儿师范教育最早的地区之一。1907 年上海公立幼稚所附设保姆传习所，为中国首批开设的保姆传习所之一。其间，尚有不少师范讲习所、传习所和师范简易科等。

"孙中山十分重视女子师范教育，曾称'欲四万万人皆得受教育，必倚重女子师范'，积极推动上海女子师范学校的发展。"（《上海妇女志》编纂委员会，2000）[467] 民国时期，上海女子中等教育已经开始注重社会实际，根据社会发展的需要有目的地开办学校，并在社会发展中把握学校的办学方向。适应社会生活的实际应用也成为上海女子普通学校的发展导向。在这期间，上海相继创办了中国女子体操学校、南洋女子师范学校、勤业女子师范学校、上海女子美术学校、仓圣明智女学、竞雄女学等一批女子师范性质的学校，培养上海及全国的女子学校师资。（杜成宪，丁钢，2004）[324] 除独立设置的女子师范学校外，一些女子中学也附设师范科和幼稚园，培养中小学和幼儿园所需的女教师。当时教育部还允许普通中学设师范科。至 1935 年，上海全市师范女生人数已达 974 人，

占师范生总数的 69.4%。（《上海妇女志》编纂委员会，2000）[467]

女子师范学校在开办的过程中，非常注重向学生传授应用性知识，培养学生的应用能力。勤业女子师范学校明确规定："本校之设施，务期女同胞咸受应用之知识技能，足以自治，而具有独立之精神，养成博爱心、责任心及勤勉、诚实、克己公正诸美德，俾将来成为完师资及各有其职业，以为社会表率。"（杜成宪，丁钢，2004）[325] 师范学校除了为女学生开设普通中等学校的学科外，还为其开设了教育、法制、经济、家事、博物、手工、刺绣、缝纫等学科，以备学生在将来生活中的应用。务本女中、爱国女中、民立女中、圣玛利亚女学等女子学校都曾设立女子师范科，培养女子学校师资；此外，女子中学还定期或不定期地开办职业专科，如爱国女中曾设立体育专修科、文学专修科等。

随着女性教育的发展，从事教育工作的女性人数不断增加，其中不少人受爱国民主思潮的影响，把教育作为强国强民、提高女权的途径，成为一些著名学校的创办者。

五四运动以后，女教师不再限于在女子学校任教，许多男女同校的中小学和大专院校也纷纷聘用女教师，这就使女教育工作者的队伍不断扩大。1932 年，上海初等学校中的女教师人数已达 2322 人，占初等学校教师总数的 38.8%。中等学校女教师的人数及其占中等学校教师总数的比例，1932 年为 708 人，占 19.2%；1935 年为 799 人，占 19.1%。高等学校女教师的人数及其占高等学校教师总数的比例，1935 年为 198 人，占 8.7%；1946 年为 575 人，占 14.6%。（《上海妇女志》编纂委员会，2000）[383]

近代上海的女教师主要在中小学校任教。根据《上海女子中学校刊》记载，1935 年，上海女子中学[①] 有教职员 39 人，其中女性 25 人。校长和总务主任为男性，教导主任和生活指导为女性。女教师在上海女子中学担

---

① 由吴志骞创办。吴志骞（1904—1939），江苏南通人，1930 年毕业于大夏大学教育行政系，以武训自勉，创办了沪南小学、上海女子中学、振华小学、大光小学、大陆小学、天华小学等，还创办了私立上海女子大学。他所建立的上海女子大、中、小学，共有学生数千人。

任史地、国文、英文、商科、音体、图画劳作、家事、刺绣、打字等科教师，并担任上海女子中学附设的广大小学教导主任、附设的幼稚园主任。上海女子中学还有负责图书馆和杂务以及担任保姆的女性职员。从上海女子中学的情况看，女教师人数占大多数，任教的学科与男教师并无显著差异，并承担相当的学校管理职责。同时，家事、刺绣等学科是女教师特有的。（佚名，1936a）[10-11] 1932 年，上海公私立各级学校中，共有 12182 名教职员，其中女性 3249 名，约占四分之一；共有 185661 名学生，其中女生 54689 名，占比接近三分之一。但可想而知，女性教职员和女学生在各级各类学校中的比例并不平衡。1932 年，包括幼稚园、短期小学、初级小学和小学校（高级小学）在内的初等学校中，女教师和女生的比例最高，女教职员占 39%，女生占 31%。在中等学校中，女教职员 708 人，约占 19%；高等学校女教职员 219 人，仅占不到 9%。值得关注的是，师范学校中女生多达 778 人，占比高达 67%。（上海市教育局，1933）[24] 对于接受师范教育的女性与从事教育的职业女性之间比例的差距，我们可以推测两种情况：一是并不是所有在师范学校就读的女性毕业后都走上了教育岗位，她们有可能没有进入职业，有可能从事其他职业，也有可能在婚前执教而在婚后回归家庭；二是各级学校中任用了大量未经国内中等师范教育培训的教职员，以男性尤甚。

1929 年，上海特别市教育局对市立小学实行教师资格准入制度，符合下列八条之一的即可申请小学教师资格：（1）师范简易科或讲习科一年毕业者；（2）初级中学毕业者；（3）中等学校肄业满三年以上者；（4）连任小学教师满三年以上者；（5）曾经检定及格而失时效者；（6）高中师范科及师范本科毕业而在非教育机关服务逾三年以上者；（7）高级中学及旧制中学毕业而在非教育机构服务逾二年以上者；（8）研究专门学术而有相当成绩者。（上海特别市教育局，1929）其中的许多条件并不高，且在女性师范教育得到一定推广的背景下实施，这使大量女性进入小学教师行列具备了合法性和可能性。

专业化较强的学校中女教师的比例则明显降低了。以只招收女生的中德高级助产职业学校为例，1945 年学校教职员工 42 人，其中女性 8 人，只有 3 位女教师教授细菌、育婴和产科等专业课程，其他女教师分别担任级任教师、公民社会教师、家政教师、音体教师和模型管理员等（佚名，1945）。医护学校的漫长修学年限和昂贵的求学费用，把大多数女性拒之门外。

（二）女教师的职业生态

有人在 1931 年的《妇女时报》提出了"理想的女教师"的七条标准：（1）学问富足尤擅长于教授、管理二门；（2）年龄须在二十以上；（3）容貌端庄；（4）服饰质朴；（5）有辩才；（6）举止活泼；（7）身体健全。（雪华，1931）这七条标准几乎描绘出了近代上海女教师的画像。大多数女教师受过中等及以上水平的教育，进入职业生涯时正是双十年华，教育的熏陶和职业的要求使她们的面容带有书卷气，举止衣着大方端庄。

女教师的职业生涯无疑可为她们带来职业的自豪感与成就感。一位名为纪平的女教师记录了自己大试教、组织展会以及辅导学生和家访的经历，描写了同事的友善鼓励和孩子们对她的眷恋，以及自己对孩子们交织着师爱和母性之爱的真挚情感。她将学校描述为"孩子们底天国"，在教学的过程中她"了解了人间所谓的'安慰'与'热情'的意义"。年轻的纪平老师坦率地承认："'树人'确实是一件十分艰巨的工作，尤其对于顽劣的儿童，真得用点苦心。"被学校正式聘为五年级的级任教师（相当于班主任）之后，她的任务是带"杂烩般"的三十六个孩子，这整整磨炼了她一个星期。孩子们学习程度不一、性格不一。学校的设施条件也不佳，"破教室，是横形的，不容易集中注意力，黑板又反光"。同事经常向她抱怨五年级的孩子太嚣张、太没礼貌，纪平却坚定了自己的信念。她想："小学教师所能给予儿童的影响是远过于中学和大学的。让我拿这一群被诅咒的孩子来作试金石吧！"纪平精心设计了第一次级会，提出了"迟到""吵架""逃避值日"三个问题，让孩子们自己讨论解决，巧妙地惩戒了一个捣蛋的学生，并欣然为孩子们唱了一首《布谷鸟》。（纪平，1947）[13-16] 她领悟到："在还幼小者的心灵里，良好的教育有多么密切地关系呵！培育孩子们正确的生活态度和健全的生活理想实在是不可忽视的重任。"（纪平，1947）[18-19] 她逐渐变得自信、专业，有了与学生一起"面对风雨"成长的信心和觉悟。在一次视导团的公开课上，纪平表现优秀，视导团表示可以将她调到教育行政机关，但她拒绝了，选择和孩子们在一起，做一个平凡的小学女教师。（纪平，1947）纪平的职业生活和职业选择带有鲜明的知识女性特征：对学生亲善并了解入微、对职业坚韧和坚持、对自我认同和反思。无数像纪平这样普通的女教师，成为近代中小学教育的重要推动者和执行者。

近代的社会动荡使女教师自觉负有启蒙国民、抗日救亡的重大使命，特别是负有解放妇女的使命。妇女补习夜校教师荣稼群将自己的职责定义为：

> 每个同学跨进一步，只要跨出一步家里的门，认识世界尤其是中国的抗战，使她们跟随着别人踏上前进的路，尽一个苦难国家国民的责任，永不落后在人群的后面。……负起民族解放，妇女解放的任务。（荣稼群，1938）[15]

女子小学教师陈任篯认为："真能救国的，还是那些能耐苦，具有伟大潜力的小学教员"，小学教员是"最有功绩而酬报最微的劳动者"，可是"精神上的获得不是很多吗"？（陈任篯，1931）[50]

然而"得天下英才而教育之"的愉快远远不是女教师职业生活的全貌。她们在学校中无时不感受到因性别带来的压力与不公，并未得到应有的尊重。

1938年，进步记者蒋逸霄[①]主持了一次女教师座谈会，6位来自难民

---

① 《大公报》第一位女记者，1937年与许广平、董竹君一同创办《上海妇女》。该杂志主要以反映各地妇女的抗日活动以及世界各国妇女的动态和地位为内容，除介绍半月时事动态、各地动态外，还刊载各国妇女名流传记，以及随笔、杂记、小说、诗歌、世界名著译文。

收容所、私立女中、教会女中和小学的女教师对抗日战争时的生活、自身的进修、自身对于教学的感想等主题畅所欲言。蒋逸霄的记录使用了她们的化名。她们谈了"对于自身苦痛的呼唤，对于洋场中商业化的学校当局的不满意与愤慨"，以及"从丰富的经验中凝集成的宝贵的意见"和"从实地教学中得来的独特卓越的建议"（逸霄，1939）[4]。

在这次座谈会上，难民收容所女教师亚龙抱怨道："男女教员太不接近，因此常有许多隔膜。男教员每视女教员的能力不及他们，而常常表现出一种轻蔑的态度。"私立女校教师三石也谈道："虽则我教的是女学校，但女教师毫无地位，男教职员每以藐视的眼光对我们。"（逸霄，1939）[6]

还有一位女教师向朋友哭诉向校长要求调课的时候受到了辱骂，校长向她公然宣称："现在上海要几只狗是难的，要几十个教员是容易的！"（徐行，1940）[43]有的校长还会在工作之外要求女教师付出无偿的劳动，如代写稿件、校对，甚至代结绒线衫等（心期，1940）。

直到1935年，仍然有反对聘用女教师的舆论。究其原因，一是传统的男性职业霸权仍然存在，二是受当时就业困难的影响，一部分保守的群体认为女性挤占了男性的就业空间，甚至将男教师失业归咎于女教师。反对女子从教者认为，女子太过温和不能培养儿童坚强的品格，女子从教所得大多浪费无用，且女子的天职是为人妻母，婚后必难兼顾，女子的学识不高、身体病弱等。而进入学校的女教师则承担着繁重的负荷。一位女教师倾诉：

> 每周授课三十节，每节五十分钟，……这样多的教学时间，再加上课外工作，自然休想有休息的时候了。……上课时，挺直了身体，拉直了喉咙教书；下课时也没我休息的份儿，得埋头伏案，摇动红笔，批改大字，小字，以及算术笔记等类。离校时，已是满街灯火了，还得带回整叠的簿子，是作文与日记。
>
> 踏进了家门，感到两腿酸软，喉咙干痛，疲劳了的身心正需要休

息。但我没钱请一位料理家务的人，为我备下舒适的晚餐，什么都得自己干，只好放下了簿子，换上了米箩与水桶。

夜里一面改卷一面料理杂务中过去，等到桌上的簿子渐渐移完时，已钟鸣十一下了。（徐行，1940）[42]

生于1934年的胡蒋明秋女士回忆，她母亲在上海任小学教师时是白天任教，晚上再出去做家庭教师贴补家用，天天早出晚归，要晚上九点钟才能回家，忙了一天回来后还不能休息，还要为孩子们织毛衣（程乃珊，2006）。

更何况，在战时的上海，女教师随时面临着欠薪和被解雇的困境。1947年暑假，鲁果等一群女教师感叹："常常担心着会一下子就失去，因为我们的聘书都是以一学期为限的，有的学校根本就不发聘书，随时随地有被解聘的可能。"她们控诉的是："我们之所以被解聘，不是因为我们能力低不会教书，不是因为我们不会管理学生，也不是因为我们同事不能和睦相处，更不是因为我们教书办事不尽职"，而是因为学校认为她们与学生走得太近，失去了所谓的师道尊严和神秘感，甚至直言是因为她们同情参加学生运动受伤的进步学生。（鲁果 等，1947）[18-19]

许多女教师非常注重自己的知识充实和进修。一位普通的女教师在一天辛苦的工作之后，还想尽一切办法在回家的路上阅读书籍。此外，她们还通过参加读书会、进修班等，加强自己的修养。近代丰富的出版物给普通女教师的自我进修提供了便利，她们经常阅读的书籍和报纸杂志包括《译报周刊》《上海妇女》《西行漫记》等。

当然，不可能所有的女教师都能达到学高为师、身正为范的境界。事实上，女教师群体在日常生活、教学技能和师德师风上并不是无可指摘的。一位办学二十多年的老校长抱怨："教员们的薪水，有几个真是拿去养家的？只不过买点高跟皮鞋花旗袍穿穿罢了。小学里的教员，是只会教，不会育。一个教员休息室，弄得乱七八糟。自己都不会自治，还能教儿童？中学里的教员，服饰更讲究，口红涂得煊红。只会教，不会领导。

不问是中学教员，小学教员，一教了书，自己就以为了不得。不肯虚心求教。不肯自修。"这些女教师教出来的女学生也令人摇头："只会读死书，毫无理解力。宁可去看电影，溜冰，吃糖果，要叫她们在课外看点书报是办不到的。现在这时候是什么时候，你要叫她们捐一点钱给难民，竟是没有几个人肯。同情心一点没有，真是可怕！"（姜平，1938）[2]女作家汤雪华还在小说《转变》中塑造了一个在志同道合而贫穷的恋人与粗俗多金的情人之间反复摇摆的小学女教师"梅"。为此，舆论也对女教师提出了建设性的批评，要求女教师要有良好的性格修养、健全的体格和在职进修的积极性（炤祖，1935）。然而，没有制度和社会环境的支撑，现象仍然是现象，而呼吁只能是呼吁。

女教师和女学生令人失望的原因根本上还是要追溯到女性教育的设计者以培养贤妻良母为宗旨的教育目标上。在国内革命战争和抗日战争期间，在女性日渐深入各行各业和社会生活的现实下，女性教育的根本目标没有发生相应的变革，这使身处其中的众多女性既无法安于小家庭生活，又找不到适当的方向。学校课程的设置往往以校董和社会资本丰厚的学生家长的喜好为准，新旧杂糅。此外，众多私立学校一心营利的办学行为也使学校日渐庸俗化。

就工作环境而言，近代上海的许多小学尤其是开设在弄堂中的私立学校，教学质量不高，校舍简陋，教职员短缺，萧蕴玉就在这样一所学校任教。全校教职工只有三位，她、校长和校长太太，学生一百四五十人。校长和校长太太对学生的教育简单而放任，教室设在"暗而窄小的灶陂间里"，挤满了五十多个孩子，令人感到窒息。（萧蕴玉，1946）[12]还有的学校"在风吹日晒的剥蚀中已经开着裂缝的板门上零落地贴着招生广告。一进门，就可以看见装在篱笆上的自来水龙头，及地上流通水路的沟道"（亦夫，1941）[8]。为了节省开支，这类学校往往会降低聘用要求，也会聘任更多的女教师，实际上与学店无异。这类学校中的女教师既无良好的职业榜样，也无发展的前景，只能聊以谋生。

（三）讲台与灶台的选择

事业与家庭的矛盾直至今日仍然困扰着女性，女教师也不例外。张爱玲笔下的吴翠远，在家里是一个好女儿，在学校是一个好学生，大学毕业后留校担任英文助教。然而翠远在学校里总是觉得人人看不起她。到了适婚年龄，家庭对她的态度也变了。本来是一个新式的竭力鼓励女儿读书的家庭，当她达到女子职业的顶点——高校教师的时候，家长渐渐对她的学业失去了兴趣，宁愿她当初读书的时候马虎一点，匀出时间来找一个有钱的女婿。在家庭的冷漠下，翠远几乎想要在电车上找一个萍水相逢的有太太而没有钱的男人气气他们。（张爱玲，2003a）

马尚龙（2007）[245] 在谈及城市对女性的"伤害"时感叹："婚姻是自由了，但是婚姻常常没有了；没有了婚姻的男人还会有另一场婚姻，没有了婚姻的女人，常常就是没有婚姻。城市使女人独立，城市也使女人独身。尤其是上海这样的城市和这样的女人。"

女作家南婴的中篇小说《季候》中的主人公蘅博士小姐，最终选择了职业而舍弃了家庭。她不无悲凉地认识到，职业同家庭是受过教育的女子仅有的两条出路，在目下这年头，要两者合着走还是离现实太远的理想。每个女人选择了这样，就不得不放弃另一样。蘅不是没有恋爱的机会，在中学任教的六年中，同事介绍她认识了附近法院的一个推事。但在蘅的天平上，推事地位太低，又家境贫寒，结婚后经济肯定会发生问题，于是蘅决然地放下了。成为大学女教师的蘅，常常感到极大的空虚，哪怕是华灯初上时的盛大宴会也不能填满。拿到博士学位时的骄傲和喜悦，也难激起往昔的热情。现在学生眼中的蘅，正像是十几年前蘅眼中的老师李博士小姐——四十左右的年纪，永远不爱穿红着绿，有时爱在脸上抹一层薄薄的胭脂，但脂粉并不能遮去她锁在眉角里的愁和一脸的憔悴，偶然点头一笑都含着无限萧索。李小姐常常在蘅的心中激起一种自己也不能了解的情绪，让她觉得博士学位也不那么光辉了。蘅的同学丽尼说，李小姐有一种由工作得来的快乐所填不满的缺憾。

许多在职业上有追求的女教师往往选择终身不婚。张先生回忆他中学时代的女教师时谈道：

> 我的俄文老师是无锡人，一辈子没结婚，我高中毕业之后，听说她调到东吴大学教书了。高中老师去教大学，说明她很厉害。①

向顷②女士回忆她在振英模范小学任教时的女校长张振吾时谈到，张校长是位四十多岁的单身女性，她所招聘的教师也都是未婚女性，不想谈婚论嫁似乎是振英模范小学女老师的共识。向顷认为，那个年代的女教师许多都不结婚，也许是因为女性好不容易独立，就不想再做家庭妇女了。（程郁，朱易安，2013）[13]

当时也有很多学校，将未婚作为聘用女教师的条件，其理由是已婚女教师会因照顾家庭而分心，不能专注于工作。事实上，这也是许多女教师不婚或在婚后辞职的原因。此外，丈夫和家人对女教师是否能够兼顾家庭与职业，也存在疑虑。在婚后不再工作的徐修梅女士回忆：

> 有一个很古怪的现象，从前有许多有学问的女的，她不愿意结婚。当时有个很坏的毛病，结婚了就不让你做事了。这是为什么？差不多受过一点教育［而后］结婚的人呢，她结婚的对象差不多都有一点学问吧，工作总还是中上吧，收入总还是可以养得活家庭吧，在这样的情况底下，他（指其丈夫）就不让你做事。从前有个很坏的风气，让太太出去做事他们不好意思，觉得脸上不光彩，觉得养不活她嘛，才让她出来做事。所以，我结婚了呢，就不再工作了。我那个时候，已经是比较开通了，我先生说最好你不要做事。就这样子。这是

---

① 来自 2017 年 11 月 16 日研究者在上海市长宁区张先生家小区活动室对张先生的访谈。
② 向顷，1918 年生，1937 年毕业于江苏武进女子师范学校，先后在上海振英模范小学、比华小学担任教师。1945 年参加革命，1946 年加入中国共产党，历任徐汇区政府办公室主任、徐汇区人大常委会委员等，1985 年离休（程郁，朱易安，2013）[3]。

国民党时候的一个很不好的风气吧。有好多事业心比较强的［女性］，干脆就不结婚，就可以一心地奔事业；要不然的话，又是丈夫、又是儿女，上头还有公婆，这一大套就把她完全圈住了。所以，像王孝英这样子，还是很不容易的。

王孝英是女师大毕业，学问也很好，她结婚了，她的丈夫很开明，他是当时上海市教育局的，也是办教育的，不过是个当官的就是了。（她的中学女教师王孝英，在丈夫的支持下倒是婚姻和职业兼顾的。）……过去许多老校长、老训育主任都是老小姐，多半都是不结婚。因为结婚呢，事业只能丢掉，差不多男女是不怎么平等的。多半有事业的人呢，就怕这个家庭拉她的后腿，与其有拉后腿的不能发展，不如干脆不结婚。就这样，耽误了，不结婚。（杨洁，2003）[48-49]

已婚而未辞职的女教师，往往家庭负担太重，丈夫一个人的收入不足以维持开支。在这种情况下，她们的生活状态十分艰难，甚至会怨恨自己有孩子和家庭。"让两个大的孩子留在家里，托一个好心的邻居照管，我自己抱了还喂奶的孩子进学校。我牺牲着孩子的幸福与健康，我贱价出卖着自己的精神，体力，生命和知识。"然而这样的牺牲也不能挽救她的职业。"孩子没有好好的照顾，病了，……我必须请假，我没有再到学校里教课，我必须以我自己的命去攫回我的孩子的生命……""就这样，我被辞去了，又被关在职业的门外了。"她们痛呼："已婚知妇女（职业妇女）在今天是走着怎样一条鲜血淋漓的路呵？""给我们职业吧，但也必须给我们生活上的安定……""给我们职业吧，但也必须给我们和平，安定，民主：给我们一点希望，一点生活上的保障！"（黛儿，1947）[8]

女教师选择不婚，还有经济上的考量。在近代上海，尤其是抗日战争时经济凋敝的年月，如果双方均是普通职员或教师，是无法承担一个小家庭的开支的。为此，有人甚至提出主张"伴侣结婚"，即同居，不过需科学节育，一旦感情破裂便可分开（张仕章，1941）。小学教师们对这一提议如何看待不得而知，但从社会的一般观念来看这一提议显然行不通。事实上，即便是正常的女教师婚恋，也会受到社会的非议。

女教师在讲台和灶台之间的抉择，是近代所有上海职业女性共同的困境。

（四）女教师在学校场域的影响力

女教师对学生的母性化关怀使年幼的孩童感到家庭式的温暖和信任，对女教师充满感情的温馨回忆在冰心、丁玲等近代作家的作品中常可见到。

南洋女校的女学生文子写了一篇文章回忆她初二的国文女老师。这位女老师从小就做了孤儿，到处为家。"她是中等身材，圆圆的脸，齐耳的短发，朴实合身的旗袍。"这样的审美倾向为她的学生勾勒了一个质朴亲和的画面。她在教学方法上颇有心得："先生教学生，不过是指导路线和方法，却不能事事代做，务必养成学生自动的习惯。"她对女子接受教育的目的有着高尚的观点："我们求学的目的，是为了要探求真理，改善生活，不但要改善自己的生活，还要改善一般人的生活，甚至全人类的生活。"她期望学生能够知行合一，学以致用："我不希望你们做琴棋书画的才女，也不希望你们以求学为 Routing Work 敷衍了事，一出校门，就和书本学问，毫无关系。我希望你们将'求知'与'生活'打成一片。那么才不辜负你们做了学生。"她极力去除女生们自怜自怨的人生观，毫不留情地批评文子写的矫揉造作的作文，教学生放下小我追寻大爱："如果文章没有正确的意识和充实的内容，文字无论如何美丽，也不过像涂脂抹粉而没有性灵的女人罢了。"（文子，1948）[12] 她对文子的作文点评道："如果你能把你那自私的……，极少理智成分的爱，推广到比你更苦的孩子身上，而静静的思索，如何能减轻她们的苦，那么你的爱和你的痛苦，才值得给予同情。"在一位同学的日记上她写道："自怜既不对，自怨也不必。你所需要的是一种客观的自我批评。……难道对真理之爱，对全人类之爱，在我们心中，竟占不到一个位置么？"（文子，1948）[13] 女师的言行对文子及其同学产生了深远的影响，老师的影响力和鼓舞力伴随着女生的生命历程：

> 她的话，句句打入我们心中，起了极深刻的作用。
>
> 在她的领导和鼓励之下，我们对于看课外书和做实验的兴趣，非常浓厚（她除了教我们国文，还教我们化学）。
>
> …………
>
> 我的身体、情绪、思想，也自觉地一天天趋向健全之路。……我出了学校，踏进社会以后，屡次跌倒，屡次爬起，始终不声不响的向前进，不绝望，不灰心，这种坚韧和乐观的培养，回想起来，真是感激她呢。
>
> 她很乐观，也很刻苦。工作紧张的时候常常到夜半才睡。她很爱护同学，同学们偶有疾病，她总是十分关心。有些穷苦的同学，出不起学费，她常常暗中代出。她年纪已是二十四五，但是她生活在我们之中，和我们十几岁的女孩子，思想情感间，毫无暌隔。她有时也有些孩子气，例如运动时，她跳跳蹦蹦，十分高兴。大扫除的时候，高兴起来脱了鞋子，赤着脚，卷起旗袍，拿着拖帚，使劲在地板上擦。因此她的同事们背后都说她有些傻气。（文子，1948）[12-14]

在更多的时候，女教师往往是以威严的教化者和管理者的形象出现的。她们以丰厚的学识和严格的要求在学生心中留下印记。董医生的记忆中还留有自己小学女教师的身影。"我小学在福佑路的勤德小学读，那是所私立的小学，都是女老师，没有男老师。我外婆封建思想很重，不让我到男老师教书的学校，也不让我到男女同校的学校。我记得小学时有一个高大的女老师，姓肖，是国文老师。她课讲得很好，对学生要求也很严格，但从不体罚学生。那时候她40多岁，没结婚。"[①] 施先生对女教师的

---

① 来自 2017 年 11 月 26 日研究者在上海市徐汇区董医生家中对董医生的访谈。

印象很特别，他记得小学时的女老师的孩子气："那个班主任小姑娘也就只有十六七岁，那时候看看也挺大了，现在一想还是个小孩呀。她哥哥就很宝贝她，一直跟着她，她来上课，哥哥也来教室里。"施先生也记得中学时女教导主任的威严："吴淞中学有个教导主任我印象很深的，她叫郭科和。别人都很尊重她，那时候都叫她郭先生，她很有威信的。"[1]工程师张先生中学时有很多女老师任教："我的热学老师、英文老师、俄文老师、数学老师都是女老师。数学老师是西南联大毕业的，其他几个不知道是什么学校毕业的，都是二三十年代的老大学生。"[2]

　　女教师大多给学生留下威严持重的印象，一方面是出于孩童对权威的成年人的崇拜，另一方面也是由女教师群体的职业形象定位所致。特别是在男女同校的学校里，女教师需要树立一个严格不可冒犯的形象来管理学生。女生们还会格外注意女教师的衣着打扮和长相。她们对自己的女教师的回忆中，总是会提起女教师的服饰发型和个人风格，并自觉不自觉地以此为样板打造自己的形象。女教师显然也充分意识到这一点，倾向于以质朴中性的外表出现，为自己的学生尤其是女生留下一个专业而权威的印象。

　　女教师是学生职业的示范者。以自立的职业女性身份在学生面前闪亮登场的女教师的人格魅力与人生轨迹，常常会成为学生尤其是女生效仿的榜样。女作家南婴的中篇小说《季候》中的主人公蘅，自觉不自觉地重演了她的老师李博士的人生。蘅出身乡间的小康之家，大学毕业后按照父亲的安排，做了六年中学教员。四年的大学教育和六年的职业生活，使蘅不肯像同学们一样俯就于平常的人生。当年的李博士，在她的学生们眼中是一个忧郁而严肃的老姑娘，学识高雅而难以接近。新式教育带来的影响，使蘅将女性的独立和学问视为改变和主宰命运的途径。李博士是一个现成的样本，虽不无神秘可畏之处，但李博士超脱于家庭的简单洁净的生活，正契合了女生蘅心中对未来的向往。

作为职业者的女教师的意义还在于，她们为女生们提供了社会性别的一个范本。男性精英允许女教师进入学校，本意是规训和约束女生的言行，造就他们所需要的贤妻良母式的有用的新女性。而女教师娴雅的外表、丰富的学养，在女生人生观形成的青春期，往往成为她们对女性社会身份的理想化模板。女教师的独立、不婚等成为女生们在人生早期对女性社会身份的认识，她们的教育与职业选择，也不可避免地带上了学校生活的这些痕迹。

（五）女教师的社会角色和经济地位

就人数而言，女教师是近代上海仅次于产业女工的职业女性群体，在近代话语中广受关注，其中又以普通中小学女教师居大多数。小学教师一度成为人们提倡的女性职业的中心，因其能够适应女性温柔、细致的特点，且不像商业企业等有较激烈的竞争，不像工业劳动伤害女性的健康。支持者认为，鼓励女性从事小学教师职业，是减少两性矛盾的良方，能够实现女性真正的经济独立（徐时惠，1926）。这一观点的提出有其合理之处，然而从女性的整体考虑，在女性中等教育还没有普及的近代上海，要让女性以小学教师为职业中心是不现实的。在这有些天真的论述中，可以体会到，小学教师作为崇高的职业女性形象活跃在近代史中，同时，包括女教师在内的职业女性群体也面临来自男性的压力。在教育行业，男性对女教师的排挤和非难时有发生，男女同工不同酬的现象也始终存在。在一般情况下，男性总是担任学校的管理者，女性多为基层教师，但随着女学的发展壮大，女校长逐渐进入了人们的视野。

在近代史上，女校长是一个不容忽视的群体，她们中大多数曾经是或同时是优秀的女教师。知名女校长如吕碧城、杨荫榆、王世静、吴贻芳等，她们的思想和实践是近代教育史和女性发展史上不同凡响的一页。然而数量最多的仍是名不见经传的普通女性，就像1948年参加《现代妇女》杂志组织的小学女教师座谈会的14位小学女教师和女校长一样。

在这次座谈会上，女教师们对"女性是否宜于任校长职"问题进行了讨论。时任储德小学校长的曹伟敏女士表示，没有什么理由能够表明女性不适合做校长，女性性情温和，喜爱儿童，中西、景海、英华、南洋等学校女校长的办学实践表明，女校长完全有能力管理学校。炳生小学的王鲁之女士认为，贤明的校长一定是优良的教师，男女的智能一样，女性既然可以做教员，就可以做校长，而且已经有参政的女性出现，说明男女的管理能力和社会事务能力是一样的。（陈蕙瑛，1948）参加座谈会的女校长们，在社会上是受人尊重的，大多数女校长为学校付出了时间、财富、学识，甚至家庭的幸福。我们在小学教师尤如泰（1945）[12] 笔下可以看到一位丁校长："只要是为教育下一代，丁校长是从不推辞的。遇到心有余力不足的时候，她始终抱着宁可自己刻苦，绞绞脑子设法着。"丁校长始终穿着一件半新半旧罩衫，盘着发髻，走着平缓的步子，为师生和弄堂中的邻居所爱慕敬仰。

我们未考证到当时普通中小学女校长的数量，但女校长作为女教师的进阶，是女性在教育界话语权的表现。然而就像谈论大部分女性教育与职业的话题一样，无论是男性主导的社会舆论还是女性本身，都不自觉地将这个讨论置于两性关系的维度下。男校长们显然不会座谈他们任校长的合理性和理由。这从一个侧面反映出，当时的职场还是一个男性化的场域，女性即便是作为自己行业中的领导者存在，也是"外来者"和"陌生人"，必先为自己正名，为自己身为女性而处于职业的高等级辩护。职场和公共领域对女性的质疑和戒备，是包括女教师在内的职业女性共同面临的处境，是从女性有职业以来所有职业女性共同的生活底色。社会对女性的歧视从未被消除过，只是在不同的历史时期以不同的表现方式存在。职业始终被认为是一种男性行为。女校长被称为"女强人""铁娘子"，却从未有一位男校长被称为"男强人"或"铁男子"。

颇有意味的是，女性在学校里得到管理地位后，并不总是能够恰当运用相应的权力，有时情况恰恰相反。小学女教师林凤山（1945）[10] 就对她的女校长提出了控诉，她遇到的这位女校长，因为男女教师之间正常的工作交流，就训斥女教师："某先生，你要晓得，你是寡妇，更要庄重些，怎么可和男先生……"这样无理的训话使当事女教师哭得眼睛通红，病了两天。她在聘用教师时，会提出许多干涉人身自由尤其是男女交往自由的条款："男女教师不准相互在校内谈话，……如有必要，请校长传达。……每天到校后，即至所属教室服务，除午膳及特别事故外，概不得擅离教室。"这是一所保守的学校，读文言，作业多，校长派自己的两个女儿在教员的午饭桌上监视他们的言行。教师相约去春游即被集体解聘，且用短期解聘的方式克扣教师的工资。这位女校长认为，教师如果谈情说爱，就不会专心工作，所以规定："教师中，不得有订婚者或已婚者，如因隐瞒而被发现，立即停止任用。……教师会客不得超过五分钟，并以同性为限。"获得了职业上升和发展的女校长，反而成了以男性声音规训和束缚女性的一员，这在近代女性职业的实际情况中，其实是随处可见的。如同热衷于为女儿裹脚的母亲，如同祈求鬼神保佑的稳婆，女性职业身份的变化并不与其社会性别意识的觉醒和进步同步。同样，也不可一概认为，男校长就会以男性身份和优势压制女教师。

然而无论是女教师人数的增长，还是女校长群体的出现，都不意味着男女两性在教育界的社会分配中获得了同等的地位。由于学历和专业的限制，女教师更多地集中于收入最低、工作最繁重的小学教育阶段，收入与工作的负荷是不相称的。一面是热心的社会活动家鼓励女性从事教育职业，一面是现实的压力和舆论中的轻蔑，女教师们处于一个尴尬的境地。

令玉①《精神的慰藉》中的主人公，是一名立志于小学教育事业的女青年熹。在她选择自己的求学和职业方向时，姊姊的朋友以自己改行的经历劝她："熹妹，你还是去读高中吧！读师范有什么意思呢？师范毕业，不过当一个小学教师，天天和顽皮的，愚笨的，肮脏的孩子厮混着，有什么意思？"教了十几年小学的婶母也劝她："真的，做小学教师是最清苦的，

---

① 原名周玲，周瘦鹃之女。

像我做了十几年，菲薄的待遇，繁重的工作，刻苦的生活，小学教师简直不是人做的！要不是为了孩子们诚挚的感情，我早已不干了。熹佺女，我劝你去读高中，将来再升学，学到专门的技能，前途无量呢！"（令玉，1943）[104] 舒服的生活、轻松的工作，是与小学教师无缘的。支持小学女教师工作的动力，除了生计的需要，就是学生的情感回报。

此外，女教师的任免、生育、病假等既无明确的标准，也无有效的保障。1931 年教育部曾颁布法令，规定学校应给予生育的女教师经济补助和假期，并在生育期间保留其职位，然而相当一部分学校并未实施该政策（炤祖，1935）。助产士朱咏和的一位做小学教师的女友，夫妻两人都是教师，结婚后仍然未辞职，但在怀孕后因为觉得不好意思，辞去了教职。朱咏和去探望她时，发现她已不复往日的快乐。她从专业的角度劝女友去产院生孩子，女友却向她表示出于经济原因只能请稳婆接生，因为薪水微薄，付不起去医院生产的费用。（朱咏和，1943）

1933 年，全市公私立小学教员总数约 2000 人，其中女教师占半数。公立小学的女教师，如从普通师范毕业，担任级任教员并授课 1000 分钟，则每月薪金 50 元，以后连续教满一年、三年、五年、七年、九年、十一年各进一级，每进一级月薪增加 5 元，直至 100 元止。但上海对任职公立学校教员的资格规定得比较严格，至少须四年旧制中学或幼稚师范毕业，且充任小学教员者必须预先向市教育局登记。当时上海市小学教员大有过剩之势，虽有资格也不容易谋职。（郡兴，1933）且这样的收入仅为公立学校教师所有，不能代表为数众多的私立学校教师。民国时期公立学校教师的待遇普遍高于私立学校教师，但女性能够在公立学校获得的教职远远不如男性，无论是在层级上还是在数量上。根据上海社会局的调查，在抗日战争之前，教师的薪俸与工人水平大体相当。1933 年李锡珍的调查比较了松江的小学教员与汉口工厂工人的生活费用和收入，发现两者年收入均为 380 元左右，但支出结构上，工人以膳食为主，教师服装费则高出工人一倍，因为职业的特殊性，教师需维持衣着的体面，生活处境便更为艰难。有人形容教师的收入是"男不如车夫，女不如姨娘"。（李锡珍，

1933 ）

1945 年 10 月，国民政府教育部公布《切实提高小学教员待遇办法》，规定教师的最低薪酬应以当地个人衣食三者所需费用之三倍为标准、国民学校教师子女免费入学等（苏国安，2014）[242]。然而在战乱之中这一条文形同虚设。一位教会学校的女教师说："别人总以为当教员是清高的职业，在教会学校是富裕的事由，其实绝对不然，校董之对待教员，完全像店东对待伙计，尽力的支配，每天上五六小时的课，课外要被派去管理图书馆，监护学生，评起考卷来，就一夜不能睡，每天从早上六点到晚六点，十二小时是不能离开学校的，全副精神体力的代价，每月只是四十多元！"（茜，1942）[16] 而这时米价已经飞涨到每斤五六十元了。小学女教师纹每天从早上七点工作到下午四点，每月薪水十五元，扣除午餐费和车费，只有四元八角二分（纹，1939）。时人撰文概括女教师的处境是"待遇轻，责任重，经济常带三分忧"（心期，1940）。在这样的生活水准下，女教师即使有高尚的师德和职业责任感，也难以安心教书育人。这样的现状决定了小学教师的抗争主要是以提高经济待遇为目标。

20 世纪 20 年代，上海教职员成立了各种联合组织。1927 年 4 月 20 日，上海小学教师联合会正式宣告成立，同年 5 月，向政府呈请备案。小学教师联合会的筹备者们将联合会视为"应时势之趋向、顺革命之潮流"的产物。曹云蛟、姚云搏、王岳屏、赵鉴豪、董椿芳、邵翔笙、柯子佩七人任临时执行委员。（佚名，1927a）同期《图画时报》刊登了小学教师联合会的照片，四位男性居中，旁边围绕着数十名男女小学童，联合会主要成员无一女性。6 月 1 日，小学教师联合会举行第二次执委会会议，讨论了校内经费公开、辞退教师需提前说明、教师薪水一律 40 元并由学校供给膳宿、教师子女入学免学费等十四条有关教师切实福祉的提案，其中特别提出，女教师在生育期间需休养二月而薪水照给。（佚名，1927b）

为控制市立学校，上海成立了以国民党为主导的上海教师联谊会，每个公立学校推选两名教师作为代表，这个组织里有不少中共地下党员和民主进步人士。该联谊会后来遭到当局的驱逐。1946 年 5 月，以中共地下党员为中坚力量的上海市小教师福利促进会创建了。私立学校还创建了私校教师联合会。上海市小学教师联合进修会、上海市中等教育研究会和上海市小教师福利促进会并称为解放战争时期上海教师运动的三大进步教师团体。福利促进会的活动主要是座谈，开展览会或音乐会，开展廉价商品义卖，举行戏曲表演、演讲或时局讲座，也组织请愿游行。这样组织的会员日益增多，发展到几千人，比德小学百分之九十的老师都是福利促进会成员。（程郁，朱易安，2013）[18]

1936 年 3 月 3 日，上海成立女教师联合会，到会的会员有五十余人，通过章程及工作大纲，并产生理事七人（佚名，1936b）。

据向顷女士回忆，1939 年她在振英模范小学任教师，工资只有 25 元，一个月的工资只能买一双皮鞋，住学校提供的宿舍，省了房租，但还要交饭费，工资的一半就用掉了。后来工资从 45 元升到近 200 元，但在物价飞涨的情况下仍然入不敷出。振英模范小学是一所收费昂贵的私立小学，1944 年向顷女士作为代表之一与女校长张振吾理论，要求涨工资未果，她和几个骨干教师就跳槽到附近的比华小学了。（程郁，朱易安，2013）[14]

1945 年 8 月，上海市小学教师联合进修会成立。它是全市公立和私立小学教师的统一组织，在全市分为 11 个区，共有 4000 多名成员。进修会以组织讲座、进修班和各种座谈会的形式开展工作。参加了小学教师进修会的女教师盛赞进修会使她们看到了教师职业的光明前途，对改革教育有了信心，加强了教师间的联系和互助，进修会也成为保障教师待遇的途径。（陈蕙瑛，1948）1946—1948 年，小学教师联合进修会发起了多次请愿活动，要求提高教师待遇、发放补助等，取得了一定的胜利。

1947 年初，"小学女教师陈素云被校长殴打，小学女教师们在中共上海地下党领导下，成立了上海市校教师维护权利联合会。她们召开记者招待会，推派代表前往教育局请愿，要求教育局撤换肇事者，并印发了《为陈素云女士被殴并维护教师尊严及发动签名运动告各界人士书》，得到广大教师的支持，签名者达 1000 余人。该会还聘请女律师史良为陈打官司，最终获得胜利，市教育局将肇事者撤职"（《上海妇女志》编纂委员会，2000）[131]。

1948 年 6 月，私立小学女教师为生活待遇问题参加露宿请愿斗争。当月米价每石 1000 万元（法币），而 65.8% 的小学教师月工资在 500 万元（法币）以下。6 月 28 日，教师 500 人（其中女性约 200 人）为要求政府发放教师贷金和配给食物，到市教育局请愿，并通宵守候在市教育局门口听候答复。29 日，请愿教师不断增加，全市私立小学陷入半停课状态。她们的行动得到社会各界的同情和支持，终于迫使国民党政府接受发放贷金的要求。（《上海妇女志》编纂委员会，2000）[133]

女教师的社会地位在职业指向上是高尚的，在现实中则是困窘的。她们的呼吁和抗争，是近代上海史上女性为自立和平等进行的斗争的一部分。然而女教师的抗争，因其职业身份的限制，终不能形成产业女工运动那样轰轰烈烈的以女性解放和民族解放为目标的潮流。

教师是看似时尚实则传统的职业，也是近代社会对女性相对宽容的职业。设计女教师教育与职业的初衷，是希望女教师同时作为女学生的看守者和传统秩序的传承者，以新式的知识造就适合国家需要的女性。客观上，女性进入了专业性的师范学校，并通过学校走向了职业化的教师岗位，成为社会文化和社会服务的生产者，也获得了一定的自由和经济独立。

然而，这个城市在接受了女性职业带来的进步的同时，并未减少对女性的束缚和求全责备。社会和国家一方面要求女教师培育新式的国民进而实现民族主义的目标，一方面对于女教师的职业发展又设定了无数的限定条件，舆论对女教师的误解和歧视也常常困扰着她们。

专业化的职业身份意味着长期的职业生涯。教师职业给女性的婚姻和家庭带来了前所未有的挑战，不少女性在教职与母职之间彷徨徘徊，往往顾此失彼。坚定地选择不婚的女教师在近代上海是一个为数不少的群体。与此同时，男性社会对女教师呼之即来之后也不可能挥之即去。一旦进入职场，女教师的发展路径就不再依循规制。她们的人生对女学生来说，是一个献身职业和自由的范本。因此，女教师在规训女学生做贤妻良母的同时，也为她们提供了另一种选择。

两性的不平等在学校中以职务歧视和收入歧视的形式存在着。女教师往往更难获得职业发展的可能，大多数从事的是基础教职。同时，时局不稳带来就业危机时，女教师也是首当其冲。为此，女教师发出了自己抗争的声音。

二、上海美专的女生与女先生们

在中国传统社会中并非看不到与女画家培养相关的历史图景。从仅有的少数记载来看，女性学习美术的途径大概有三种。父兄、丈夫为美术家或是文人墨客的女性，有可能耳濡目染学习一些书画，此为"家传式"。至晚明，女性接受家传之余，甚至还可以走出闺阁，成群介入男性主宰的公共文艺空间，展示自己的艺术才华（高彦颐，2005）。除此之外，绘画的女性群体中还有一类被划定为妓女画家，这一类画家与一般女性画家的不同之处在于她们身份的特殊性。游离在传统的闺阁之外，更多的社交使她们获得更多的学习机会，在绘画方面这样的交往尤为重要。一些等级较高的妓院中女性通常都有所特长以招徕生意，如清代江浙一带的妓女就以琴棋书画取胜。因此在古代女性绘画历史中，名妓占据着特殊的也是重要的一席之地。（梅鼎祚，1996）

（一）开女禁：上海美专的第一批女生

20世纪初，北京知识界开始大规模宣讲美育。蔡元培等人身体力行，尝试通过新式学堂的美术教育改变社会，其中办女学，使妇女掌握某种美术的技能，成为当时社会关于教育的主流观点之一。不仅如此，倡议妇女参与美术活动，实际上还与提倡妇女进入职场有关。女校的裁缝、手工等课程主要聚焦于职业教育，学生每周用二三小时学纺纱、织布、编结、缝纫，织成的产品有平版白布、黑白麻布、红绿条花布、蓝白格子布、毛巾和妇女儿童用的花帽、花衣领、小孩鞋袜等，产品质量上乘、工艺独特、色彩鲜艳，深受群众喜爱。产品销售后，收入补充女校开支，并根据需要，适时修改课程。

女子美术教育与职业教育紧密关联，不过，我们更看重的是早期女子美术教育对于女子的艺术启蒙价值，这类美术的相关课程事实上有意无意地开启了女子的绘画潜能和自我觉醒，如著名女画家潘玉良，15岁时学刺绣，由此推断，当时中国的不少女性画家进入艺术圈的重要途径，恰恰是从做女红中的刺绣开始的。

蔡元培等提倡手工、制图和美术造型中科学的观察和表现方法，由此也促发了美术学校和学校美术课程的变革。这一时期中国的基础美术教育，受到明治维新时期的日本美术教育的影响。据统计，从1902年的陈师曾留学日本开始，到1949年中华人民共和国成立，仅日本东京美术学校，就有一百多名中国人在这里留学，这个数字超过其他任何国家。许多留学日本的艺术家成为中国美术史上赫赫有名的美术家和美术史论家，如陈师曾、何香凝、高剑父、李叔同、高奇峰、陈树人、郑锦、陈抱一、汪亚尘、朱屺瞻、俞寄凡、关良、张大千、滕固、陈之佛、丁衍镛、许幸之等。他们中大部分人回国后都选择到上海美术专科学校（简称上海美专）等艺术专门学校任教，其中有一部分艺术家又在1910年之后创办了各类美术专业学校，多管齐下为中国近现代画家的师承和艺术风格定了型。

事实上，19世纪末叶至20世纪初年，画报、商标、招贴画以及报刊插图这些大众传播领域的视觉图像已经在中国乡村随处可见，尤其是以推销商品为目的的月份牌画受到各阶层民众的喜欢。一时间，社会对商业美术人才的需求也急剧增加。画会、社团纷纷开设短训班，传授西洋美术技法；上海、广州、天津等地的私人画室、图画传习所也开始教授西洋绘画。这些私人开设的画室、补习班、传习所除招生面授外，还采用函授方式传授技法，采用融合中西的画法，从事商业美术，绘制照相布景、舞台布景和广告画。这些办学机构的教育活动，开启了近现代中国美术教育的新气象，成为正规新式美术学校出现的先声。

1912 年的《神州女报》刊登了神州女学的专修课程广告，课程包含美术专修课，分图画和音乐。图画课程设有中国水墨丹青法、西洋铅笔画、炭画、水彩画、钢笔画、油画、写生法、肖像画、画学、自制油画帆布法等内容。神州女学的校长是当时颇有名望的女性张默君。从所设的美术课程中可以看到，神州女学是专业化程度较高的一所学校，课程分类合理且丰富。后来的上海美专的很多学生，都是从这所学校毕业后考入的。可以说，当时的女性充分利用了社会环境对女性学艺术有利的一面而发展了自己。

1913 年，18 岁的张庚香，一个被深藏在闺门中的秀气江南女子，循着《申报》的广告来函要求学习西画。不久上海图画美术院函授部（上海美专前身）也接收了一位女性访客马清渠。这些年轻的女子，似乎突然意识到接触西方理应先从学习西方的一门技能入手，这也成为其破除中国传统女性面孔的一种途径，也是 1910 年以后，越来越多沿海地区闺门女子抗争命运的一个最拿得出手的理由。或许是不能离家太远的缘故，又或是父母夫婿不愿女子彻底地抛头露面，具体原因不得其详，总之，在上海美专正式招收女生之前，函授是这些女性最为接近学堂的一个途径。1918 年 10 月创刊的上海图画美术学校校刊《美术》内附 1912 年以来的同学录，刊登了 20 多位函授女生的玉照。1918 年 6 月至 7 月举行的上海图画美术学校第一届成绩展上也有这些女生的作品展出（马海平，2009）。

此外值得注意的是师范学堂的美术教育。早期的师范学堂并没有专门的艺术科，只是在"新学"进入学校之后，开设了相关科目，如南通等地的师范学堂开设图画、手工、音乐等相关课程。而专门设立相关学制的美术专业，在南边的福建，有福州省立第一师范学校于 1912 年开办的图画手工专修科，招收了十几位学生，1915 年陆续有毕业生毕业；1918 年后，河北省立第一师范学校、浙江两级师范学堂这些著名的学校，相继有一些中等美术专科的毕业生出现。彼时，南北师范学堂成为中等美术教育的重要现场，虽然每一届培养学生的人数都只有几十名，但这些学生却构成了之后中国高等美术教育的主要生源。女子高等美术教育，由 1918 年国立北京女子高等师范学校开设三年制图画专修科开启。时任女校美术教员的吕凤子，1910 年曾在上海创办神州美术社，教授绘画。他本人就是两江师范学堂图画手工科毕业的第一届学生。而同年，另一所美术专门大学创办了，当时的校长名郑锦，这所国立性质的艺术型大学后来成为民国时期北派艺术教育的重镇。

随着新文化运动的兴起，教育界的一些有识之士开始酝酿废除"女禁"。在北方，北京大学校长蔡元培先生在 1920 年元旦公开表示"北京大学 1920 年招生时，倘有程度相合之女学生，尽可报考。如程度及格，亦可录取"，同年 2 月决定先行招收女旁听生入北大学习。在南方，1919 年 12 月 7 日，时任南京高等师范学校教务主任的教育家陶行知先生在校务会议上提出《规定女子旁听法案》。1920 年秋季，8 名女生经过严格考试被南京高等师范学校录取，同时该校还招收了 50 余位女旁听生（赵红芳，刘世斌，2020）[21]。至于美术学校招收女生，开风气者当属上海美专。1919—1920 年，上海美专招收了 12 名女生（部分文献称 11 名）。女子美术教育由此翻开崭新一页。

乌始光和刘海粟在昆陵计议创立上海图画美术院（上海美专前身），兴许是出自商业利益的考量，许多的想法都受当时风气之引，具有走一步看一步的意气用事的成分。也正是这股子"意气"，促使这几个年轻人干成一件在美术史上留下重要一笔的大事——始开女禁。

1920 年 9 月 10 日，上海女子美术学校举行首届开学典礼，刘海粟校长在开学典礼上重点谈到"男女同学"问题，可见其意义重大。此前，《申报》刊登消息称："上海美术学校……行始业式，首由刘校长演说，其主旨分为三大问题（一）男女同学（二）研究艺术应抱什么方针（三）学者自治。"（董松，2011）[176]

事实上，上海美专的开放女禁并没有真正且彻底成为现实，这暂且不表。无论如何，1920 年秋季开学，先前考取的女生进校读书了。她们有着好听的、传统的女性化名字，如丁素贞、庞静娴、尤韵泉（刘苇）、蒋佩玛、刘慕慈、韩端慈等。在开学典礼上，新生潘世秀与荣君立、刘慕慈、尤韵泉合唱《劝赈歌》。

女生的加入，使原本就生机勃勃的上海美专风头出尽，上海的报纸隔三岔五就有关于上海美专的新闻见章。可惜好景不长，开学才几周，女生们就被学校从四川路的校舍单独划出去，特殊对待了。她们转由学校教员李超士任校长，独立进行授课。这主要是因为，学校的女生与男生一起旅行写生、一起画男女裸体模特的新闻不断登报，加之上海美专那著名的雇用女模特事件，这些与传统学校迥异的校园事件和办学方式，引起了社会的舆论讨伐，学校也因此将原来设想的男女同校改为另设专门的女子美术学校。

男女同校并没有成为现实，这种情况直到1922年底才得以缓解。关于这些在当时"骇人听闻"的事件下文会表，目前我们关心的是最初入学的12名女生在学校能学习到什么。此时，丁悚（丁慕琴）担任上海美专的教务长，从学校的教学内容来看，女校除了为女生设置了一个单独的专业——刺绣科外，在课程量的设置上和相同专业的课程设置上与男校是相同的，只是其质量似乎难言可观。其时，课程仍受日本影响。上海美专早期的教师汪亚尘、周勤豪等都是曾留洋日本的学生。说是留洋回来的，可这些教师自己对自身也是没有底气的。汪亚尘在回忆中谈道：

> 自民国二年（应为元年，即1912年——编者按）冬至四年（1915年）春，一方面自己瞎画，一方面还要用现在望平街一带还留着的擦笔画做范本去函授学生，那时连讲义都写不清楚，现在回忆，真是害人！……十年（1921年）归国，在上海美术学校充当教员，那时候研究洋画的人，较前增加，学校里教授方法，渐入正轨，但成绩的幼稚，还是与从前仿佛。其中经过了许多的内战，不但艺术不能上轨，就是各种教育事业也只见停滞。（汪亚尘，2010）[283-284]

即使课程质量不尽如人意，也未妨碍这第一批女生在校求学期间收获不一般的新生体验。不仅如此，这 12 名女生毕业之后，大部分都投身艺术工作，即便没有从事相关职业，也在生活中寻找到许多自由活泼的艺术气质。上海美专的学习经历还影响了她们的婚姻，女生中的大多数均选择了从事艺术工作的男士作为终身伴侣，其中荣君立嫁给了教师汪亚尘，尤韵泉与留法归来的倪贻德结为秦晋之好，刘慕慈嫁给留日、后在学校任教的周勤豪。从学生转为师母，这也是民国时期师生关系中一个比较普遍的现象。或许出于时代的特殊性，这些师生之间的关系亦师亦友，这在汪亚尘的《四十自述》中可以得到解释：

> 虽然在这种环境中，而我的研究却较什么时期为努力，在学校方面担任实习功课之外，自身不息的研究技巧，同时在著述上也下过一番苦心。我因埋头的研究而为君立所同情，由艺术的同情而结成婚姻。十三年（1924 年）"双十节"，得双方家长的同意，在上海沧洲饭店结婚，当时我的父亲还带病来做主婚人。（汪亚尘，2010）[284]

自述中提到的荣君立乃是无锡的商业巨贾荣家的大小姐，来上海读书前毕业于无锡荣氏中学。作为近代实业家荣瑞馨的长女，荣君立显得知书达理，言行举止符合大户人家小姐的做派。1922 年 6 月，荣君立毕业于上海美专第十一届西洋画科。毕业之后，荣小姐并没有急着回老家无锡，而是留在上海。这一年是多事之秋，父亲因病去世，又许是为了以后的婚嫁做准备，出身大家的她并没有外出工作。1924 年的 10 月，荣家大小姐在上海与汪亚尘结了婚。汪荣夫妇婚后，租住薛华立路 15 号的石库门"云隐楼"，次年就生了女儿听逸，后一年又有了儿子佩虎。这位大小姐就更加没有时间外出谋事了。

汪亚尘则是一派名士作风，作作画、会会友。在旁人看来，这对生活阔绰的夫妇过得很是惬意。1928 年，他们启程去欧洲游学了。夫妇俩搭船去了法国，每天除了研修美术就是在各大美术馆、博物馆中畅游。遍游欧洲后的 1930 年，才回上海的夫妇俩在上海举办旅欧画展，共展出作品 119 件，其中属于荣君立的作品为 31 件。这场画展盛况空前，上海滩名流悉数到场。

1931 年，受朋友之邀，汪亚尘决定办一所新的美专。于是荣家大小姐回了无锡，从娘家的体己钱中拨出 1400 块大洋，帮助丈夫创办了新华艺专。从此，新华艺专因办学资金充裕，学校开支、师资薪水都相对充裕，一时间人才济济，显现一派生机勃勃的景象。然而好景不长，七七事变后，1937 年 11 月 14 日，学校被日本人放火烧毁，化为一片废墟。学校无奈只好在租界临时选址办学，这样维持了四年。太平洋战争爆发，学校因不愿向敌伪当局申报名册，即停止办学。但此时，学校还有学生没有完成学业，于是汪亚尘和校董们把学校迁到别处，更名"佩文艺专"，这样一直坚持到艺专成立后的第 18 个年头，新华艺专的历史结束。

1947 年，汪亚尘去了美国，之后因各种缘由近 30 年没有回国，此时的荣君立孑然一身，她再也不是曾经的大小姐。20 世纪 50 年代起，这个没有进入职场的女性跨出家门参加社会工作，先后任居委会主任、妇代会主任、政协委员……。虽说从身份上而言，她也算是一个职业妇女，但她终究还是搁了画笔，走上了一条全然不同的生活道路。

较之荣君立早年优渥的生活，她的同班同学，也是无锡中学一起出来的同乡尤韵泉就没那么"幸运"了。1919 年，尤韵泉同荣君立一起从无锡荣氏女校图画专修科毕业。这所由张婉芬创办的"荣氏女校"开设国文图画专修科，在当时的无锡赫赫有名。尤韵泉中学毕业后，得了思想贤明的母亲支持，问外婆借了 300 块大洋的学费，来到上海继续求学。上海的开销很是高昂，支付了学杂费后，所剩钱款已无几。尤韵泉和其他两个女生租住了一个亭子间，3 人包 2 客饭，过着较为节俭的生活。后来，美院的花销实在太多，在美院丁悚教授的推荐下，尤韵泉谋到了一份《神州日报》夜班校对的兼职，每月 12 元工资。她就这样勤工俭学，度过了三年的大学时光。

1922 年，从上海美专西洋画科毕业后，尤韵泉回了无锡母校做了一名图画教师，婚后随丈夫迁去浙江，任教于宁波中学，兼鄞县女子师范、甬立一中等五所学校的美术课程教师及鄞东小学校长。1928 年，她在宁波举办个人画展，继而在上海西园举办"青年画家尤韵泉女士画展"，这个画展还得了蔡元培的题字，同年出版《尤韵泉画册》，这本画册主要以花鸟画为主，大部分作品是在宁波的中学任教期间和在上海卖画为生时的写生。与荣君立的主妇身份不同，尤韵泉俨然是一位职业女性。但从她自身的言行来看，这种职业的身份似乎并没有给她带来满足感和荣誉。据她自己控诉，为逃避不忠丈夫的迫害，她一度在上海卖画为生。可见在当时，一个无强大娘家作为后盾的女子，若想要凭一己之力谋生，真是件难上加难的事情，以至于在解释为何走上社会谋职时，要再三强调，这完全是迫于生活逼迫的无奈之举。

上海沦陷后，她随逃亡人群辗转武汉、长沙、贵州、重庆，并改名刘苇，先后任教于国立三中、重庆中学、清华中学和社会教育学院艺术系美术专科。历经各种社会动荡，尤韵泉似乎已无心创作了，她把更多的精力转向白区的革命活动，加入了地下党组织，从此走上了与美专其他同学完全不一样的革命道路。尤韵泉如今留存的画作实在也不算多，她的晚年更多创作的还是中国画。1949 年后尤韵泉重拾画笔，在浙江美术学院担任国画系教授，绘画题材更多地结合时事。

（二）漩涡中的上海美专和第二代上海美专女生

关于民国时期的女学生，人们津津乐道的常常是林徽因、萧红、苏青等文学女子。这些女生构成了一幅"四月天"式的人间美景。而对另一群民国女生即这里所考察的上海美专女生，人们所知则不多。据相关研究发现，1937 年 7 月前，约有 2100 人毕业于上海美专，其中女生 400 余人。进入上海美专学习的女生，首选专业是艺术教育系，依次是音乐系、西洋画系、中国画系和图案系。对于这数百名女生中的第一代代表，前文已做了一些考察，我们接下来将从丘堤入手，呈现第二代美专女生的"专业发展"及生命踪迹与颤动。

1925 年 1 月，上海美专改订学制，设立了 3 年制的中国画系和西洋画系，丘堤很快成为改订学制后的第二届西洋画系学生，同届的同学有潘玉珂、林默涵等。很快，这些爱好艺术的年轻人成了无话不谈的朋友。

丘堤之前就读于福建女子师范学校，学校学制 4 年，除了国语、数学、历史、地理、教育、物理、化学等文化课之外，还设有缝纫、图画、手工、家事园艺、乐歌、体操等课。16 岁的丘堤是个聪慧的女子，这些科目的学习并没有难倒她，尤其图画、手工和缝纫课，更显出她的突出才能。当时教育界开始倡导"平民教育"，福建女子师范学校也筹办了民众补习学校和由学生组办的女子识字夜校。此时已有中学文化程度的丘堤在课余走街串巷，邀约各种家庭妇女学习新的文化。就这样，一个眉目间带着诗意的清澈，使人过目难忘的小个子女生，从福建的乡间轻快地走进了上海，从此走向一个未知的全新生活。

经过几年专业艺术训练，年轻的丘堤毕业后随兄长秉贤赴日研修装饰艺术。在东京，她完全接受了当时非常流行的、从法国舶来的印象派及后印象派风格。或许由于生活的闲适和恬淡，她那幅有水果、茶杯的静物画充满自由、舒展的味道，比她归国后的任何作品都好。

丘堤在日本过得十分散漫和惬意，没有过多的文字记载她在日本曾接受了怎样的艺术浸染，这 3 年游学生活的作品，更多的是些尺幅不大的静物画和小景致画。

1935 年回国后的丘堤，似乎比在日本更有西洋做派了。她回到上海的母校，做了一名绘画研究所西洋画组的研究员，继续从事她喜爱的油画创作。这个绘画研究所成立于 1932 年 8 月，由副校长王济远兼任研究所主任，分设西洋画、中国画组。通常，研究所接收上海美专毕业生或有一定素养的青年画家，其性质相当于现今的研究生班，而"研究员"则相当于今天的研究生。

一个从小未曾经历失学、失业，出身开明乡绅家庭的小姐，至少在 20 世纪 30 年代初，虽说经济不算太阔绰，却还不必为生活忧虑太多。从日本回来，当丘堤回到熟悉的校园，还是那些故人，还是那个自由的氛围，作为一名具有专业素养的女画家，她已经没有必要刻意克制自己的情感。此时的丘堤，完全以职业女性自信的态度出现在昔日的同窗和老师面前，她把更多的精力花在与同学的交往和绘画创作上。这个时期，她作了一些风景画。她关注老上海城市的一角，画那现在已经不复存在的红房顶与亲切的后花园。这种题材自古是男性艺术家的领域，而这个女子毫不犹豫地闯了进去。决澜社是丘堤课余之后重要的社交活动场所。作为前卫的艺术社团决澜社的两位女性成员之一，这个时期丘堤还创作了一些自画像，在画面中的她更强调表现性，大眼睛、平面化、比例不对的五官造型，这种风格与决澜社崇尚的马蒂斯风格相一致。

除了艺术，在这个社团里，她最大的收获是一个丈夫，终身的伴侣。由相爱而同居，丘堤与留法归来的庞薰琹不久即结为夫妻，结婚时宴请了许多朋友。1935 年 10 月 10 日，决澜社第二次画展在上海世界社礼堂开幕。这时丘堤已成为决澜社的正式成员，她参展的油画作品《花》获得"决澜社奖"，这是决澜社总共四次画展中唯一的一次颁奖活动，她也成为唯一获得该奖项的女性。在这幅作品中，丘堤有很多自己的安排：她在平涂的背景前，放置了一块浅色的方块以象征桌面，上搁一块蜡染绣布（也完全是平面化的）；画中的一盆植物，叶子是红的，花是绿的（似乎在刻意违反自然界的规律）。纵观这幅作品，无论是画面的构成、用意、色彩，都非常成熟和老练。

与大多数同龄女子一样，丘堤没有写日记的习惯。她的人生被记录下来的多与生活琐事相关，后人谈论她，总是和她著名的丈夫联系在一起。从传统的男性中心文化角度看，丘堤的生活和命运已经很理想了。丈夫在艺术学界享有盛誉，两个孩子也健康、快乐，并且长大成人后都子承父业，成为父母期望中的孩子。然而，生活远没有想象中美好。怀孕、大病、流产、再怀孕，加之颠沛流离和无可奈何为家庭做出的自我牺牲，让她逐渐搁下画笔，淡出艺术圈，成为沉默的大多数女性中的一员。

上海美专的女生，大都出身良好。长辈或者受过西方教育，或者从事与洋人打交道的职业，如洋行买办、翻译、商贸等。家庭观念开放，讲究男女平等，也有能力让女孩子上学受教育。这些女孩在适龄的时候，正值中国社会变革，接受的是一套中国特色的西洋淑女教育，从观念到举止不可避免地受到西方教育的影响，进而影响到其对生活的态度。当时局发生变化，人生的境遇出现不可逆的落差，究竟如何安放灵魂，就成为一种难题。她们终究要在理想和现实间徘徊，不知何处安放己身。

由此想起程丽娜的晚年景况。程丽娜是雕塑家刘开渠的夫人。她年轻的时候，也曾是一个活泼开放的美专女生。1930 年初，因听说杭州艺术专科学校（杭州艺专）办学严谨、学风优良，这个自信满满的女生从上海去了杭州投考。之前，她曾在北京京华美专、上海美专学习过两年西洋画，成绩优秀。未料想，首考却落榜了。此时，杭州艺专的教员赵人凛告诉她，杭州艺专最近要招 4 名二年级插班生，嘱她速去报名。

第一次考完，程丽娜并没有被录取，原因不是成绩不好，而是打扮得太漂亮，架子又大，学校不敢录取。刚从上海美专转学过来的程丽娜，确实穿着时尚。第一次考试时，程丽娜穿着花裙子，踩着高跟鞋，打着花洋伞，在考生中太扎眼，而杭州艺专不喜欢太张扬的学生，故而未录取她。（郑朝，郑熔，2011）

除却绘画，程丽娜也喜欢京剧，在学校里也经常演出。多姿多彩的生活让程丽娜每天都忙碌且快乐，职业自然是锦上添花的事情，并不需要太花力气。从美专毕业后，她先在弘道中学任教，后在艺专内的图书馆谋了份差事，随后一路跟随丈夫走南闯北、不断迁移，一生坎坷。

这些曾经的具有天分的艺术系女生，接受了系统而完整的艺术教育，最后却没有在艺术上获得成就，也没有在婚姻中安享天伦，不能不说是充满遗憾的。丘堤的同班同学潘世珂毕业之后回了福建老家，原本是为了去法国留学而回家筹措学费，谁知这一回再也出不去了。战乱和家庭之累，使这个女生担起了养家的责任。当年的校花程丽娜，在出嫁之后放弃了绘画，在艺专的图书馆里打发时光，此后颠沛流离。大时代下的小人物的命运是如此残酷。翻看美专的学生名册，那四百多名女生，诙谐巧笑如在眼前，最后还留存在人们记忆中的有多少呢？

（三）上海美专的女先生们

1869 年金韵梅①随传道士赴欧洲学医，开了女子留学的先河。之后女子留学人数有所增加，其中也包括相当数量的艺术生。《良友画报》介绍过的就有留学日本的关紫兰、何香凝，留学比利时皇家美术学院、法国里昂美术专科学校的蔡威廉，留学法国的王静、张荔英、潘玉良、方君璧、唐蕴玉，等等。

这些留学归来的女性艺术家后来大多成为艺术院校和中小学的教师。上海美专的第一位女先生就是留学美国的福建女画家周淑静。她 1919 年毕业于美国俄亥俄州克利夫兰美术专门学校，学习的是欧洲传统西洋绘画。回国后所作人物写生画、自然画、图案画、打样画，均得校长教员赞许。从不同国家留学归来的女教师，因为师承不同、专业的差异、审美取向的不同，对艺术教育的理解也明显带有各自身份的烙印，她们也把自身的想法传授给一批批的学生。

自 1920 年 9 月周淑静新任西洋画科二年甲级主任教员，成为上海美专的第一位女先生起，不少于 30 位女性先后受聘于上海美专。如，张光 1929 年 2 月受聘为上海美专的教授并担任全国古今美术审查委员会委员。此外，张光还曾执教于杭州艺专和北京艺术专科学校。美术女教员还包括：李文华（函授）、范新琼（西画）、潘玉良（西画）、张韵士（雕塑）、唐蕴玉（西画）、周叔慎（西画）、张光（国画）、余静芝（国画）、金启静（国画）、李秋君（国画）、龚希苾（图案）、黄莹（图案）、王衡芷（图案）等。

这些女教员大多数在 20 世纪二三十年代留学或游学海外。在她们之前，还有一位人物值得一提，她就是早在 1912 年便去法国留学的 14 岁中国南方少女方君璧。她先是求学于朱利安美术学院，后入巴黎国立高等美术学院，成为该院第一位中国女学生。在法国的时候，方君璧曾受到蔡

---

① 金韵梅（Yamei Kin），又译金雅梅、金雅妹，医学家、教育家、营养师。

元培、汪精卫等人的国学教导，西文流利、旧学亦好。由于方君璧留洋过早，其艺术生涯与中国当时的新文化运动并未发生多少交集，她的创作呈现了既带有新时代气息又留有旧时代遗风的女性自我形象。比起同时代的潘玉良、蔡威廉，她的画更有一种典雅的大家闺秀气息。

1925 年，方君璧曾短暂回国执教，但一年后又重返法国，再进巴黎国立高等美术学院，在勃纳尔画室继续学习了两年。1935 年底，方君璧再次回国，在上海美专任教。这一时期，除专门从事油画创作外，她还潜心研修国画，在艺术实践中，与徐悲鸿、林风眠一样较早地探索着中西方艺术融合的道路，尝试着将西画的解剖学、透视学等原理融合到国画中来，以改正中国画种种不合科学定律之处。方君璧作为美专的一位女先生，其在油画本土化和东西艺术融合方面的探索并不亚于同时代的男画家与男先生。

上海美专的女先生似乎个个是传奇。方君璧如此，唐蕴玉亦如此。唐蕴玉既有旅日的经历又曾留学法国。她是一个祖籍宁波的大家闺秀。早些年，她毕业于张默君女士创办的上海神州女子学校美术科西洋画专业，拜名画家陈抱一、关良等为师。中学读完，就在上海启秀女学执教美术。20 岁那年，唐蕴玉第一次赴日本考察。回来没多久，或许是因为她对日本的文化产生了兴趣，第二年的春天，她同家人一道赴日，再次踏上学艺的道路。1940 年回到上海后，唐蕴玉先后在新华艺专和上海美专教授油画。此外值得一提的是，1928 年，唐蕴玉曾与潘玉良等美专女先生携手创办了艺苑绘画研究所。这是一个纯粹为了兴趣、非营利的绘画学术机构。

相比于唐蕴玉，另一位美专女先生潘玉良的确显得非常特别。潘玉良因其卑微的身世（出身青楼，为人妾室）及不是很入眼的外形，注定会走上很不寻常的艺术人生道路。1920 年秋，一个叫潘世秀（潘玉良）的女生插班入了上海美专西洋画科。《上海美专十周年纪念册》中的同学录记载了第一批 12 位女生的名字，唯独少了潘世秀的名字。甚至刘海粟及校方在潘世秀退学后，都不愿意承认她曾经是上海美专的学生，似乎承认了这点有损学校的声誉，会给学校带来负面的影响。[①] 可见当时部分学生要求潘世秀退学的风波闹得很大。校方对她退学的原因很隐讳。由于按照上海美专的惯例，如果学生有不轨行为而被开除学籍是要通过教务会议讨论通过的，而我们在当年的校务会议记录中没有找到相关的记载（董松，2011），因此，换句话说，当时校方为了平息事端，可能采取了私下劝潘世秀退学的手段。

潘世秀在美专名不正、言不顺地度过了几个月。其间，她的主要求学活动包括：1920 年 10 月 9 日，随上海美专写生队到杭州西湖写生；1921 年 1 月，作品参加学校展览会；3 月 20 日，天马会为赴欧考察的江小鹣、陈晓江送行，潘世秀会上"致祝辞"（姚玳玫，2015）[106]。之后，便是 1921 年 7 月，她被上海美专劝退，旋即改名"潘玉良"报考中法大学，在毫无语言准备的情况下，奔赴法国。

这一过程中，有一贵人作用甚大，他便是潘赞化。也有人说，当初潘世秀之所以能进上海美专，并不是全凭成绩出众，而是潘赞化请陈独秀在刘海粟处介绍、斡旋的结果。1928 年 11 月，潘玉良学成归国后，潘赞化仍在发挥重要作用。潘玉良首次在上海举办个人画展，潘赞化邀得蔡元培、张继、易培基、柏文蔚联名在《申报》上发表启事，向世人推荐潘玉良。之后至 1937 年，潘玉良在国内多次举办展览，国民党要人孙科、汪兆铭、王用宾、经亨颐、陈树人、萧吉珊等都多次前往捧场。这既有对潘玉良艺术的欣赏，也有与潘赞化之私交私谊的原因。

潘赞化是对潘玉良有知遇之恩的人。潘玉良对这位生命中最重要的男人是怎么看的呢？从画家作于 1931 年的《我的家庭》和作于 1937 年的《父与子》可以看出一些端倪。两幅画描绘的都是正常的家庭生活场景。《我的家庭》将家里人纳入自画像中：画家位于画面的中心，短发，花裙子，一副女学生的模样；她的身后站着潘赞化和他的儿子，他们在观看她

---

① 潘世秀只上了半个学期的课就被开除了，原因是出身。一次学生演出时，潘世秀上台唱了段京戏，声腔极为专业，非受过职业训练者所不能为，让在座师生大为惊叹，不由地猜测她的过往。受当时社会风气的影响，学生们闹着要退学，名曰"誓不与妓女同校"。

作画。看得出画家在这个三口之家中所处的中心位置。这个家庭还有一个人物没有进入画面，那就是潘赞化的正房妻子：一个让潘玉良无法回避其妾的身份的人物。这个人物的缺席，使潘玉良显得自在自信。《父与子》用线描的方式，呈现中国式家庭父读子写的情景，包含着画家对长幼有序家庭生活的认同。

这两幅画透出"家"之于潘玉良的重要及其"小妾"家庭身份的尴尬。她试图以美术之名走出旧身份的困境，却发现旧身份是她如形影相随、无法消弭的烙印。在社会上，作为优秀的女性美术家，她难以与男性同行平起平坐，以艺术论成就。在家庭中，作为"妾"，她一样是个尴尬的角色。对自我身份的不确定，导致这个外表一点也不纤弱的女性时常陷入孤独、紧张与脆弱。不过，她有自己的化解办法。郁风称她："有男性性格，像条硬汉子，很少流泪，并不柔弱娇美、多愁善感。她说话很粗犷，一口扬州口音，为人豪爽，不拘小节，有时是不修边幅……"（姚玳玫，2015）[108]潘玉良对艺术有一股"蛮性"，一种"君子自强不息"之真精神（佚名，1929）[6]。

本就不受人待见的潘玉良似乎只有靠蛮劲往前冲了，而男性一般的作风也确实让潘玉良在当时最高艺术舞台上闯出了一片发展空间。留法回国后，曾经劝她退学的上海美专便聘她为西洋画系主任。而且如时人所论，潘玉良到任后，里外忙碌"未数月，即振振有生气，起该校十七年来之衰，立全国艺术之正轨"（董松，2011）[178]。个人艺术创作方面，她的几次展览均获成功，参观者"拥挤不堪"，好评如潮。此外，她还积极参加各种美术社团，当时好几个美术家群体的成员名单上，都有她的名字。

然而实际上，在这些确乎辉煌的景况背后，仍有许多难言的辛酸与挫败，潘玉良也因此希望世人能真正接受她、欣赏她。1935年5月，潘玉良在南京举行油画展。她特意挑出三幅自画像。其中，短发齐肩和围头巾的两幅自画像是她20年代末30年代初的作品。那时画家尚年轻，细长的眼睛冷寂、忧郁地凝视远方，神情平淡，色调灰暗，透露了自画像者这个时期复杂难言的生命感受（姚玳玫，2015）。但对这些自画像，外界竟有人怀疑不是她本人所作，而是花钱请人来画的，弄得潘玉良只得当众创作自画像，以示清白。但这样的努力仍不能为潘玉良带来外界的理解。

潘玉良的职业状况也是如此。1929 年春，她便辞去了上海美专的职务，原因也道不清楚。之后，她来到中央大学艺术科。1932 年，徐悲鸿来到该校任教。"徐、潘是中大当时仅有的两位有留欧背景的西画教师，两位且是同学，巴黎国立美术学院西蒙教授门下的同窗，论学历资历，基本相同，但他们回国后的影响、职称和待遇却不一样。"（姚玳玫，2015）[107] 徐悲鸿一来便是教授，月薪 340 元。而潘玉良来时只能做兼任讲师，月薪只有 32 元。一直到 1935 年，潘玉良也未做到教授位置。社会上，学院里，都没有人理解、欣赏潘玉良。熬到 1937 年，眼见无论怎么努力，在生活上都无希望，42 岁的潘玉良决定再赴法国。之后，直到 82 岁终老，潘玉良都未再回祖国。

潘玉良"不得不离开自己的国家再返法国后，便将余下的生命全投入在绘画上了。因为她不入法国籍——过去的人总认为入外籍等同于不爱国，也不与画廊签约出售自己的作品——过去的人也认为金钱会玷污艺术的纯洁性，她的生活一直在清苦里徘徊，靠零星卖点小画与朋友的接济过活，住得简陋，吃得简单，穿得随便。可在任何现况下，玉良最多的钱都是拿来买画布与颜料。为了省一省开支，她尽量买最便宜的颜料与画布，画画的时候也尽量画得薄一些。就是这样先天不足的条件，我们今天能拥有的她的作品，竟达四千多件。而她后半生在法国与他国所获得的各项艺术殊荣，包括法国国家金质奖章、法国'自由艺术协会国际沙龙'银质奖、法国文化教育一级勋章、比利时金质奖章……是多么沉甸甸。在民国与新中国时期，能得世界这么多殊荣的中国艺术家，大约就只有潘玉良一个人了"（凡子，2012）。

明中后期以来，江南文人士大夫愈加无意于仕途，他们潜心艺事，纷纷寄兴书画、怡情养性，带动了文人画的进一步发展，并使文人画迅速传布于各地。风气使然，文人士大夫的妻子女儿亦无法不受到影响和熏陶，因此这一阶层的女性更多地参与到绘画活动中来。这一缘由，导致明清女性画家大多出生在或活动在江浙一带（钱芳，2010）。明代中期以后产生的吴门画派及其后众多的画派，以及女性画家，集中围绕在江浙一带。到了民国，这种江南界限内的流动，到了最后的临海点：上海。来自江浙、苏杭等核心江南文化圈的人，其命运的际会和故事的形成，于上海总归存着千丝万缕的瓜葛，他们构成了海派文化圈的主体。上海美专的出现和发展印证了这种文化圈的诸多特征，其中如此早地出现女性，出现如此多的女性就不足为奇了。

与男性画家相比，中国古代女画家的命运注定带有更多悲剧的色彩。无论出身于何种家庭，一旦出嫁之后，女性大体上都面临着以下几种命运。最好的情况是，婚姻的对象比较开明乃至志同道合，于是夫妻唱和，同以书画怡情，如马荃，婚后夫妇偕游京师，以绘事给衣食，又如毛秀惠、王愫夫妇，不慕荣利以幽居自乐，如此生活确实令人赞叹。只可惜这样的"灵魂伴侣"实在是太少了。更多的是繁缛沉重的相夫教子生活和家务劳动，如葛远，每日烹饪、纺绩、浣洗，操作无暇，能用在绘画上的时间几乎没有；又如孔继英，出嫁后夫家极为贫困，丈夫又离家远游，只能日夜纺绩以自给和课子。如果遭遇平庸市侩又极为顽固之人，女子的命运会更为不幸，如任春琪，画史记载她擅画兰、工绝句，出嫁前为汤怡汾（清代著名学者和画家）的女弟子，然而婚后丈夫见嫁妆中有笔砚、画具，遂取出全部扔掉，于是不上一年，任春琪便郁郁而亡了。可以想见，如果有一个更加合理的生存环境，这部分古代女性画家完全能够在绘画领域取得更进一步的成就。

较之明清时期，1910年之后，受了新式西洋教育的艺术专业女性，在走向职业的时候，显然具备更多的自由度。无论是在婚姻的选择权、学业的合法化，还是职业道路的走向上，女性都更具有自主性，在参与社会的角色上甚至还有主导权。如近代美术史上出现了"中国女子书画会"等女性专业艺术团体，其他社团如"天马会""东方画会""艺苑""西泠书画社""湖社""南风社"等，都有女性画家身影出现。此外，学生层面的成就也在社会上有所反映，如1929年暑假在校女生举办了"立孚"图案社展、"旭黎"图案社展等。

这些都证明了，女性可以将绘画作为一种职业步入社会，使自己成为艺术界的一员，绘画已经不是自娱的消闲，而是一种高尚的事业、一种适应社会的能力。1915年《妇女杂志》在讨论妇女职业问题时，将职业分为"高尚职业"和"一般职业"，而绘画属于"高尚职业"："我国近世女子所操之职业，多工匠仆婢优娼之类。若操高尚职业者，惟教师一途。范围太狭，实女子程度不能增高之大原，不可不亟为扩充也。高尚之职业，若保姆、教师、医士、看护妇、画师、翻译、书记、新闻记者、小说著述者、律师官吏等，与泰西各国，均有之矣。而合于女子之性情，又适于我国今日之需求者，莫如保姆、教师、医士、看护妇、画师、翻译、书记、新闻记者、小说著述者等。而以教师、医士、画师为最宜。……美术之为用，怡和性情，培植德本，为益绝大。而以女子为之为最宜。……女子习画，必更优美，固画师者，实女子最适宜者之一种高尚职业也。"（白云，1915）[7]

从绘画内容来看，明清女性画家的笔下涉及山水、花鸟、人物各个方面。至民国，随着西学渐进，除却中国画，她们开始涉猎西洋绘画和实用美术。一般来说，女性中国画家以善画花鸟者为多、善画山水者为少，如李因、文俶、马守真、恽冰等。明末清初许多女画家都善于画兰，这在一定程度上受到当时流行的文人画风格的影响，尤其是陈淳和文徵明，他们的绘画技法和风格对女画家的影响最为显著。在人物画方面，女画家最擅长的是画仕女、佛像尤其是观音像，技法则以白描为主。在西洋绘画传入后，静物、人物肖像，仍旧是女性比较擅长且喜欢的题材。她们从小处着眼，关注个体生命，注视自身及周围的对象，以肖像画的方式摹写自我独一无二的精神个性，于其中蕴含自己的人生取舍：对纷争的外部世界的回避和对丰富的个人世界的亲近。这种表达方式在当时女性西洋画创作中颇为流行。

此外值得注意的便是女画家的社会身份及个人命运变迁，本章所描写的那群女学生和女教师多出身于清末民初的中式家庭，在身份上既有传统中国的烙印又兼具西化的特点。她们中有第一批插班上海美专的女学生，也有早期留学海外的女留学生，还有一些原本就是职业女性的社会青年。她们的就学之路，绝非完全是开放女禁前后，男性校长或家长的个人思想所致，更多地可能出自个人的自觉。她们的引人注意之处在于她们在行为方式上和传统女性的不同。她们有的有不同于传统的行为和言论，有的由于嫁了一个革命者而转变个人身份，也有的受了新式教育却心甘情愿退回更为传统、旧式的生活之中。每个人的际遇既受大时代的影响，也受自身性格的约束。然而仔细考察便会发现，她们事实上过的生活，除却表面上西化而现代，其实与中国古代的闺阁女子并没有太多本质的区别，甚至在人生道路上也往往殊途同归，这使得我们不得不重新思考，现代教育及社会演进到底能给女性带来什么样的自由与新生。

第 三 章

受近代职业影响的女性教育和阶层

如果从母教和闺塾师的传统说起，女教师本质上是在新式学校的环境里延续的旧式女性职业，是从将女性视为教育工具的兴女学运动以来，社会希望女性担任的角色。在此之外，上海在城市发展的进程中也产生了众多现代化的全新职业和行业，进而产生了职员这一新的阶层。① 现代意义上的中国城市职员阶层大约诞生于 19 世纪末 20 世纪初，并且在 20 世纪的上半叶有了一定程度的发展，其中以上海为代表的现代大都市成了职员阶层萌生的适宜温床（江文君，2011）。

上海新兴中产阶级群体包括职员与自由职业者（专业人士）两个职业集团。他们主要是指有技能、学历、文凭的，由律师、会计师、记者、大学教授等组成的专业人士及作为中产阶级主体的工薪职员。熊月之也基本持同一观点，他也认为上海的中产阶级，其职业集团包括教师、记者、律师、医师、作家等文化人和公司职员等。这一阶层人数众多，各职业从业者之间的经济状况差别也不小（罗苏文，宋钻友，1999）。也就是说，由于分工的日趋细化，中产阶级内部这些复杂的构成，仍然可以被细分为更多的小层次和职业，中产阶级并不是一个水平同质化的社会阶级。

---

① 众多研究者认为教师也是职员阶层的一部分，尤其是中等以下学校的教师。我们认同这一观点，但因女教师群体的特殊性和数量上的显著优势，兼虑及教师职业中传统与现代相交织的因素，我们在前文将教师单辟一章论述，以求尽可能全面展现近代女性的社会生态。

教育在塑造职员阶层的过程中起了关键作用。从独立的小产业向非独立性职业的转变大幅提升了正规教育在决定生活条件中的分量。职员阶层所依赖的基本上是从现代教育中所获取的知识和技能。培育职员阶层很重要的一点是教育，尤其是在社会两极分化明显的情况下，廉价的、大众化的公立教育对低收入民众向职员阶层转变起到了至关重要的作用。

在中国第一代职员阶层的产生过程中，作为大都市的上海是一个十分合适的孵化器。伴随现代部门的产生，各行业中的职员、科层组织的管理人员、政府公务员、由教师和自由职业者组成的知识分子也不断产生，这林林总总的社会群体构成了新中产阶级。这是一个以知识和技能谋生的阶层。由于中产阶级尤其是职员阶层所具有的现代性、知识性、专门性以及可能获得的优厚待遇，职员阶层不仅成为上海经济与社会发展的中坚力量，而且在价值观念和生活方式上也成为大多数上海市民效仿的对象，引领着社会风尚与习俗的流变。

多样的教育形式、多元的职业生态，使更多的近代上海普通女性有机会接受教育和成为职员阶层的一部分。女性职业教育的产生和发展是与近代上海的职业生态联系在一起的，也是伴随职员阶层的演进而变化的。总体来说，近代上海女性的职业教育表现出多元和实用的特点，其种类、范围呈不断扩大的趋势，从女红、蚕桑、家政等传统上为女性特设的领域扩展到会计、商业等传统上为男性所占据的职业领域。在这个过程中，女性医护助产教育的发展也颇为令人瞩目。

一、近代女性职业教育中的女红

近代女性职业教育自女红始。女红一词，最早出自《景帝令二千石修职诏》："雕龙刻镂，伤农事者也；锦绣纂组，害女红者也。"中国传统文化对女性形象的固化以及女红技能传承的方式强化了男耕女织的社会分工。千百年来，无论在内闱闺阁、市井阡陌，女红都是社会、家庭生产的基本技能和方式，是有明显特征的妇女的技术实践活动（毛毅静，2011）。男耕女织是中国农业社会的典型生产方式，女红作为社会、家庭生产的基本技能和方式，在中国传统社会具有广泛基础。《荀子·富国》曰："故百技所成，所以养一人也。"百工技能是百姓的谋生手段。《考工记》指出："国有六职，……饬力以长地财，谓之农夫；治丝麻以成之，谓之妇功。"女红与王公、士人、农民、百工、商旅共同构成一个完整的社会体系。女红首先涉及一个家庭所有成员四季穿着的棉布衣物：纺线、织布、搓麻绳做鞋、剪裁缝纫，甚至漂染。对于传统社会的主妇来说，除实用以外的针线活，如剪花样、刺绣、编结等也是成为符合社会要求的女子的必不可少的技能。这样全面的技能，是需要花费大量的时间与精力才能够习得的，也需要有相当的聪明才智。

女红是有明显性别特征的妇女的技术实践活动。编结、缝纫、刺绣，都透过作品传递了女子的细密心事和纤细情感。在不同的历史和文化条件下，"它从一种技艺及技艺的结果，逐渐上升为一种人的观念中的象征物和社会组织结构中的符号，被赋予了礼制的、宗法的、伦理的、道德的、审美的以及经济的、商业的种种社会涵义和精神意蕴"（胡平，2006）[27]。

《诗经》中多有桑间陌上的记录，《桑中》曰："期我乎桑中，要我乎上宫，送我乎淇之上矣。"桑蚕以及丝绸生产业的南移，使其成为一般人印象中南方的特产。但是它对于中国文化的影响却是超越地域的，关联着一大批词语，渗透在社会生活的各个领域。随着棉纺织品的普及，它在人们的日常生活中越来越重要。

汉班昭的《女诫》是将女红、妇功纳入女性才德的经典文本。长期以来，从儒家的伦理道德等经世济用的社会规范来看，女红是和"四德"要求一样的抽象规范的体现。上至皇后命妇、大家闺秀，下至平头百姓、村姑乡嫂，都以这一标准来约束、规范、检视个体的德行。从国家角度而言，重农桑劝耕织是立国治民的基础。

在中国传统社会，女子一般从十岁始接受基本的妇德、妇容、妇功教育。《礼记·内则》曰："女子十年不出，姆教，婉娩听从，执麻枲、治丝茧、织纴组紃，学女事以供衣服。"纵观中国历史，历朝女子多数都接受了女红教育。传统自上而下的礼制规范将女红作为女子德行的标准和女性教育的重要内容。在漫长的农耕时代，女子采撷桑麻、纺织剪裁、刺绣漂染，亲力亲为至昼夜不停歇，方可供应鞋帽衣履，女性注定要将一生倾注在衣食琐事上，鲜有真正参与外部社会生活的机会。女红、中馈等劳作技能教育是形塑女性社会身份的外显手法，客观上将女性紧紧束缚在方寸庭院之中。

在绝对男权的价值观体系里，女性的典范形象之一便是长日倚于窗下刺绣或端坐在织机前穿梭。在历代典籍和女教书的话语里，女红实际上已超越了持家技能的层面，标榜和彰显着女子的德行。各种文本的价值取向都暗示，勤于女红的女性将得到家庭稳定、夫敬子孝的回报。女红的传承使女性获得了技艺，继而沉寂在后堂。这种教育充实了她们，又禁锢了她们。在日复一日的劳作中，女性完成了身份认同，也在无形中成为家庭的轴心和德行的化身。沉默的母亲和妻子，在丈夫子侄的诗文里，在流传后世的墓志铭里，留下了素手抽针的剪影，单薄又坚不可摧，织就了一份安身立命的底气，将劳作教育带给女性的教化拓展到了庙堂之上。

事实上，民间女子的手工劳作是国家经济的重要支柱，也是家庭收入的来源。江南地区民俗中尊顾名世为刺绣业"祖神"，此顾即"顾绣"之"顾"。顾家原为官宦之家，家中妻妾工刺绣书画，家道中落后以沽绣品为生。顾绣以其文脉素雅著称，一时声名无两。王安忆《天香》讲述的就是顾绣世家的故事。顾家的女人靠一针一线奉养公婆、供子入府学并迎娶儿媳。顾绣传到第三代时，因其传人顾玉兰少年守寡，仅靠独门绣艺难以为继，不得不设帐传艺，纳孤贫女子为徒，传承至今。顾玉兰是不是将女红传出家门的第一人我们不得而知，但顾绣的史话中蕴涵了丰富的女性家庭地位转换和女子职业教育的意味。在辛亥革命前，上海有许多绣庄和众多的家庭绣女。有的绣庄和作坊从家庭中取货，有的采用前店后坊的模式，生产衣服鞋帽、床围、桌围、椅套、坐垫等绣品。20 世纪 20 年代，随着工业化进程的加剧和社会结构的变迁，绣品用途减少，绣庄作坊锐减，转向编结与针织袜子、套衫，但少量绣庄仍存在，也有些妇女仍以刺绣为生。作为女红基本功之一，上海少女的刺绣习惯保留到 20 世纪 50 年代（徐华龙，2009）。

女红的意蕴是多层的，它既是传统女性教育的必备之义，也是农耕社会家庭教化之基、固国齐家之本。锦心绣口的上层知识女性，更是将女红与诗文同作为社会交往的载体来传情达意，以女红昭显艺术造诣和审美品位。女红是生计，亦是点缀；是妇功，亦是妇德。长期以来，无论是大户人家还是底层百姓，女红的水准成了衡量女性身份和价值的一种标准。

在中国不同的历史和文化条件下，女红从一种技艺及技艺的结果，逐渐上升为一种人的观念中的象征物和社会组织结构中的符号，被赋予礼制的、宗法的、伦理的、道德的、审美的，以及经济的、商业的种种社会含义和精神意蕴。

在作为中国近代化历史缩影的上海，"女性形象"借助于城市世俗平等意识的崛起和两性关系在现代际遇中的重新界定，成为海派文化的一个焦点。抽离了女性形象，海派文化的意涵将不复为真正意义上的海派文化——女性形象几乎成为想象上海和喻说现代生活的不可或缺的叙述图像（李晓红，2008）。

当时时髦的女性，尤其是年轻的太太，均以穿毛线衫为时尚。而打毛线（即织毛衣）也是非常时髦的一件事。年轻太太到红房子吃法式大餐，到凯司令喝下午茶，如在家里消磨时光，最常见的方式便是坐在客厅里，听着收音机，打着毛线衣……。这样的小资情调是在租界环境中培养起来的一种独特的情调，是 20 世纪 30 年代上海流行的《玫瑰玫瑰我爱你》《何日君再来》《夜上海》等歌曲的旋律和歌词传达出来的那种情调。

时髦的女装在 20 世纪 30 年代的上海，自然是带动服饰消费与流行的主角之一。当时巴黎新款时装约经过三个月便会流行至上海。在社交场所中，女装跳脱平板的传统样式，改以露、透、瘦为表现要点，充分表现都会女性的风采和立体感。1931 年 1 月上海大饭店便举行过盛大的服装表演，从男子西服、女子旗袍到礼服、婚服均有之。而当时传播媒介于此再度发挥影响力，除了报纸杂志刊登着各种服装样式图片外，电影明星亦有所属的服装专家。在上海，传统的"女红"在相当程度上已转变为是否会自己做衣服、结绒线。（忻平，1996）[364]

　　民国时期，尤其在 20 世纪二三十年代，毛线编结成为上海女性的时髦技艺。"其法传自欧美，今日本女子学校手工科，均有此门。由是技术普遍而编物盛行，用途广阔而裨益民众，价廉物美而节俭经费，其为切要何待言哉。"（缪凤华，1935）[序 1] 可以说，女红内容的再一次革命，是由近现代工业文明带来的机器化生产所导致的。毛纺织业的兴起，大规模的机械化生产，使绒线的价格大幅度下降。喜欢赶时髦的上海女子，对这种既保暖又美观，还可以结了拆、拆了结的绒线情有独钟，使绒线业迅速地发展了起来。城市里的妇女几乎都会一点绒线编结。两根针别来别去织出各种衣物，有的还能创造出各种新的针法，织出不同的图案与花色。技术的革新，使不同品种型号的绒线被源源不断地生产出来，最细的开司米与最粗的棒针线，都可以带动绒线编结样式的变化。事实上，编结工艺早在 19 世纪就由教会传入中国。日伪时期，日本的妇人在山东及上海的公共租界里都开设了不少编结学校教授国人此项技艺，为日侨妇女开辟了谋生的一条途径，同时也使国内相当一部分家庭妇女获取了补贴家用的一种方式，尤其在山东等地，编结成为家庭妇女的重要谋生手段（其钩针编结品均返销英国等西方国家）。

　　绒线编结同样也体现着阶级的差异，首先是城乡的差异。直至 20 世纪六七十年代，中国北方的农村妇女大多还不会此项技艺。就是在商业发达的城市里，底层的市民阶级也消费不起绒线，因此其女性多数也不会这项技艺。所以，是否会绒线编结，成为区分社会阶层的一个隐语。在乡村和普通劳动阶层那里，女红是一门谋生的手艺，而在大都市里，学习女红则成为女性显示阶层和身份的一个不须言说的形象符号。

　　20 世纪三四十年代的上海，是近代我国绒线编结的源头。绒线编结是小家碧玉勤俭持家的手段，是大家闺秀的休闲方式。绒线编结的衣衫、饰物成为时髦的上海女性的心爱衣物。雁荡路的终点是复兴公园，那儿有让人上瘾的旋转电马，以及诱惑恋人相互亲吻的阳光。雁荡路上永业大楼旁的小楼里，1934—1949 年开过"秋萍编结学校"。冯秋萍 [①] 的丈夫在底楼开了家名叫"良友"的绒线店，吸引了不少心灵手巧又爱美的姑娘，也引领了当年的风尚。雁荡路充满了异域风情，舶来品在这里得到人们更多的青睐。与西装、衬衣、大衣一样，毛线衣也是当时舶来品的一种。

冯秋萍所著的许多关于绒线编结的教程和文章，展现了一幅中产阶级的温馨家庭和和融融的生活图景：丈夫努力工作养家，孩子们读书、听话，贤惠的妻子操持家务，为每个家庭成员编结温暖的爱心牌毛衣。各式女子们编结出来的毛线衣、背心、披肩甚至夹克、舞裙等，极大地丰富了服装品种。罩于旗袍之上的毛线衣、披肩与玻璃丝袜、高跟皮鞋等一起装扮出 20 世纪三四十年代上海时髦女性的靓丽形象。这种中西合璧的穿着方式遂成为民国时期"西风东渐"的历史潮流的一部分。

在 19 世纪末 20 世纪初这样的历史背景下，社会开始对性别角色和性别关系进行重新定位，知识分子对现代性的追求抑或说对现代中国的想象和设计，伴随的是对新女性的塑造和倡导。从这一时期开始，女性与民族国家的关系就紧密联系在一起，并以前所未有的深度和广度体现在每一个女性的个体体验中。民族生存史上的巨大变迁使女性开始走入历史的时间之流，并在时代的裹挟之下与时俱进。（张素玲，2007）

清末，梁启超、秋瑾等人鉴于外国教会女校不断扩展，在上海发表文章痛陈女子无文化之害，以及女性教育对强国强民之重要性。康有为等人提出必须大力发展女性教育的主张。1898 年经元善创办经正女学。该校提倡女性放足，课程设置中文、西文、医学、女红 4 门。女红在当时的学校课程中被放置在一个非常重要的位置。1902 年，蔡元培等在上海创办

---

① 冯秋萍，原名童升月，1911 年生于浙江上虞，上海求德女中高中毕业。冯秋萍因在编结和设计花样方面有突出才能，20 世纪三四十年代成为上海著名的编结大师，被多家绒线行聘为教授编结的顾问，同时开设"秋萍编结学校"招收学生。1956 年冯秋萍被上海美术工艺研究室聘为工艺师，主持绒线服装设计工作，后被评为国家"特级工艺美术大师"。50 多年间，冯秋萍创造了 2000 多个绒线编结花样，设计了难以计数的编结工艺品，撰写并出版了 30 余部关于绒线编结的文字作品。

爱国女学，开设的课程中就有女工，旨在提倡妇女经济独立。"因于本校课程中加手工，而且附设手工传习所，请张女士及其弟子传授。由本校学生之宣传，而内地妇女纷来学习。其后，手工传习所虽停办，而爱国女学之声名传播已广。"（高平叔，1987）[610]

1905 年，清政府设学部，次年明定官制，始将女学列入学部职掌。1907 年，《奏定女子小学堂章程》和《奏定女子师范学堂章程》正式将女性教育纳入学制系统。《奏定女子小学堂章程》分作立学总义、学科程度、编制设备、教习管理四部分，认定女子小学堂"以养成女子之德操与必须之知识技能，并留意使身体发育为宗旨"。在课程开设上，女子初等小学堂开设修身、国文、算术、女红 4 门必修课，随意科有体操、音乐、图画。

在总义之下，《奏定女子小学堂章程》还制定了"各教科要旨程度"。其中女红教学"要旨在使习熟通常衣类之缝法裁法，并学习凡女子所能为之各种手艺，以期裨补家计，兼养成其节约利用好勤勉之常度"。《奏定女子师范学堂章程》设定的课程，主要有修身、教育、国文、历史、地理、算术、格致、图画、家事、裁缝、手艺、音乐、体操。

这两个章程，赋予女性教育合法地位。女性入学成为一个教育的正题。而同时，这两个文件都将女红列入必修课程，在延续千年以来的女学传统，将"贤良"作为女性教育的重要目标的同时，也将这一女性独特的技艺作为教育的主要方式，纳入正式的课程之中。

在清末民初的上海，女性学习工艺似乎成了一个小浪潮。1913 年春，顾少也在高昌乡各路口设花边传习所，习艺女工近千人，其穿网花边畅销欧美。次年 2 月，上海女子工艺学校成立，设工艺班，招 20 岁以上女性入学，学习各种工艺。1924 年，刘王立明创办上海妇孺教养院，它以废丐为宗旨，收容贫苦妇女和儿童，包吃穿住，成人做些手工活，儿童读书学手艺。在类似这样的场所，似乎手艺成为一种谋生的技能，做一个手艺人是很多没有能力或机会接受学校教育的女性的梦想。小姐太太们纷纷学习编结技艺，并以此为荣，相互炫耀。

总体来看，不论是清朝还是民国，学校课程中都有"家事"科目，只是此类课程并不是现代意义上的"家政学"，只是千年以来社会对女子的期望和要求的转化。从北京女子高等师范学校（简称女高师）1919年开设的课程（见表3-1）我们也可以看出，虽然每个系部的课程设置有所不同，但家事是每个系部共有的课程，家事部更增设了缝纫、刺绣、手工等女红类课程（张素玲，2007）。

表3-1　女高师1919年部分系部所设课程（潘懋元，刘海峰，1993）[750-753]

系　部	课　程
家事部	伦理学　教育学　国文　英语　家事　缝纫　手工　应用理科　刺绣　园艺　图画　音乐　体操
博物部	伦理学　教育学　国文　英语　数学　植物学　生理学　化学　家事　日文　图画　音乐　体操
国文部	伦理学　教育学　国文　英语　哲学　历史　地理　家事　音乐　体操

　　许多曾经的女高师学生对学校的家事课程发表过意见。从许广平开始，许多人都曾回忆过对当时女校保守风气的反抗。尤其是萧红，对于学校的保守态度甚为反感，以至于离家出走。她们既反感基于女红教育女子的教育思想，亦反感学校与家庭沆瀣一气的管理方法。萧红在自己的小说中，抨击了新式教育的种种弊端，做女红也是其中之一。尽管如此，那一代知识妇女还是自觉或不自觉地受惠于学校的"淑女教育"，这种教育培养了她们的生活能力，形成她们生活方式的一部分。在萧红回忆鲁迅的动人散文里，就有许广平打毛衣的细节。萧军和他的同时代人，都回忆过萧红做针线的神奇本领。特别是在抗日战争的动荡年代，她从地摊上买来廉价的扣子等材料，自己缝制合体的旗袍，既美观又大方。连才女如张爱玲也会因为自己不会做女红而惭愧。她在《我的天才梦》中，详细地讲述了自己生活能力的低下，其中不会补袜子是重要的一项，不会织绒线又是一个极大的遗憾，并因此说自己是一个"废物"。由此可见，新女性们反感的不是做女红，而是将贤妻良母作为自己唯一的角色。

事实上，类似冯秋萍这样的女性才是更适应和符合当时社会对女性的价值定位的。她的职业途径恰恰证明了广大知识女性对生活的理解和普遍价值观。她给广大妇女提供的课程，能帮助女性成为男性理想中的贤妻良母，符合社会的价值评判，也是许多女性所希冀的。

诚如程乃珊在《金融家》中所描写的：

> "别瞎三话四。我总觉得，我就合适读家政。'家政''家政'，顾名思义，总归是不会离'家'太远，像新闻记者这样满天飞。"芷霜嘴上这么说，心里却是一直认为，惟家政系，是帮助她步入这她向往的那个层次的一种牢靠资格。再退一步讲，每年育秀，都要从当届升大学的育秀毕业生中物色个别品学兼优的学生，作将来育秀师资的待聘。一个女子能在育秀这样的学府谋得一份职，是十分体面的。芷霜来自薪水阶层之家，自然也要考虑到将来毕业后的谋职之难。而据她近年来留心观察，育秀师资在英文、史地方面已人满为患，惟家政、数理及音乐，尚有希望可以待聘。而这几门科目中，她对"家政"是最有兴趣和有把握的。（程乃珊，2008）[11-12]

女性的解放在于经济独立，而经济独立在于谋业，谋业的根本问题是要取得谋业的技能和能力，归根结底，还是在于教育。女性教育，是妇女解放的根本问题（雷良波，陈阳凤，熊贤军，1993）。1913 年 8 月，教育部公布实业学校令，宣布实业学校以教授农工商业必需的知识技能为目标。其种类为农业学校、工业学校、商业学校、商船学校、实业补习学校等。其中农业学校又细分为蚕业学校、森林学校、兽医学校、水产学校；工业学校包括艺徒学校等。实业学校的课程主要侧重于专业性和技术性。在此背景下，女子职业教育开始得到女界的重视。女子蚕业学堂主要集中在纺织业较为发达的江浙一带，如上海女子蚕业学堂、福建蚕桑女学堂、杭州蚕桑女学堂等。学生除学习基本的国文、修身、数学、博物（动物植物实验）、家政、体操之外，还要研习蚕体解剖、蚕体生理、蚕病理、栽桑法、土壤学等专门学科。至于纺织刺绣方面，较著名的学校有扬州女工传习所、杭州工艺女学堂、四川女工师范讲习所等，上海速成女工师范传习所的规模则尤其宏大。课程除教导人手针线和刺绣，还会教授利用机器编结衣帽鞋袜、手帕毛巾、中西衣服等。

据统计，至 1917 年，全国女子职业学校的学生达 1866 人（谢长法，2009）[71]。女子职业教育侧重于女子技艺的养成，特别是刺绣缝纫的技艺养成。另据《上海市市政报告书（1932—1934 年）》统计，1934 年上海有各类公私正规学校 1076 所，而民众学校、职业补习学校、工业补习学校、商业补习学校、妇女补习学校、普通补习学校、职业传习所、外文补习学校、盲哑学校、函授学校、识字学校等各类社会职业教育学校则达1173 所，已经超过前者。社会职业教育学校教职员人数 3080 人，就学人数 164566 人，毕业人数 52241 人，就学人数仅比正规学校的 215929 人少50000 人左右。[①] 毋庸讳言，社会职业教育已经成为当时上海教育领域中一支不可忽视的力量。

黄培英[②] 开设的编结传习所，就是典型的职业教育的专门学校。这类学校没有完全固定的课程，班级规模和人数也不定，随机性和流动性大，经常是机动开班、机动闭学。

至 1928 年，我在一个市场上看见日本人结绒线衫用二条板结起来很快，那时我就非常爱好，征得了父母同意，也去参加了学习。因为学费较贵所以学时抓紧时间，在一个月中连同民间结线一起学好。

---

① 参见 https://www.archives.sh.cn/ggfw/gczn/202209/t20220923_66409.html（引用日期：2023 年 10月 18 日）。

② 黄培英（1913—1983），号静汶，上海人。童年爱好绒线编结，掌握了绒线编结技艺，后应聘于上海丽华公司、荣华和安乐绒线厂教授绒线编结技法。1928 年开办培英编结传习所，并参加上海市工商部举办的中华国货展览，展品获特等奖、一等奖，得金、银质奖章，并获绒结代针机专利执照，以后又在中西、市音等商业电台讲授绒线编结知识。1933 年，她编写的《培英丝毛线编结法》一书，发行量高达 30 万册，她也成为 20 世纪30 年代知名的绒线编结专家。

到初秋，我父就在海关上请了六个月的长假回申，当时国内一般妇女对于外来的编结艺术还没有认识，我个人则对手工编结艺术的技法深觉爱好，并决定予以广泛流传，就这样开始在小西门尚文路 175 号创设了培英编结传习所，把我学的再传授于国人，并且仿制了日本的绒结代针机，再在上面添制了铜针之装置，这样就向工商部请得了专利三年的执照，同年冬工商部在南市的普益习艺所举行中华国货展览会，我也有作品参加，后得特等、甲等奖状和金银质奖章，谢状等。后来父亲假期满后又被调到宜昌。那时我未随去留在上海仍继续传授编结。至 1930 年和邻居庄智鸿结婚（他有母亲和一个妹妹名项馥梅，现在南市第八女中教俄文），他在华威贸易公司修理有声电影机和收音机的。自那时开始我就不再收学生。至 1931 年 5 月生一子，名庄斯表，这样家居一年后庄智鸿被长沙远东电影院请去长沙，当时我也同去住了半年，回申后觉得闲居家中不太好。那时人们穿绒线衫都讲经济实惠，一般都当内衣穿。但我所教的都是些空花，所以觉得再办传习所没有前途，故又入中德助产学校读书，后因中德功课较深跟不上，就同我姨母王惠明（住苏州兰花街 8 号）一起转入大德助产学校。

1933 年天津东亚毛纺厂出新产品抵羊绒线，为了推销新产品特请缪凤华在先施公司教授编结和展出作品，我在丽华公司教授编结。那时因我尚在大德助产学校学习，上午我因有课不能去，所以每晚上教会了庄智鸿朋友鲍时桂的妹妹鲍国芳（即冯秋萍的表妹，现在静安寺大生绒线店工作），上午由她代教，下午我自己教，展览会期一个月。自这时起绒线编结又开始发展了。我虽在大德助产学校毕了业，但从未进医院正式实习。至 1934 年就进行编写初集《培英丝毛线编结法》，书名也是由我族兄黄炎培题字。①

---

① 摘自黄培英 1960 年 10 月 31 日在上海市轻工业研究所填写的档案材料，"干部自传"第 5 页。

像这样的职业培训课程班黄培英断断续续开办了3—4年，冯秋萍陆续开办了近40期，每班20—30人，保守估计有500位女性通过职业课程成为编结好手（冯秋萍的每一册绒线教材后都附录了该期学员的集体合影）。其他通过商场、店铺或另有途径派发的教材，使广大妇女竞相传阅、抄送的，数量就无法统计了，获益人数亦无法统计。经由大众传媒（广播）受惠的女子就更普遍了。总之，在20世纪三四十年代的上海，女性通过编结描摹了一幅中产阶级富足、幸福的家庭生活图景。而冯氏们的职业生涯也达到顶峰。她们广泛参与社会活动，积极在各种场合传授技艺。冯秋萍在20世纪三四十年代，在复兴中路良友编结社代客编结并开设"秋萍编结学校"，在金陵中路义生泰绒线店、小东门福安公司、南京路新新公司、恒源祥绒线号、南京路大新公司、裕民毛绒厂、中国毛绒厂等地教授编结技艺。

冯氏开设的这种职业短训班是黄炎培等倡导的职业培训的理想模式。30年代创办的"秋萍编结学校"，是一个以传播编结技艺为内容的短训班。经过前后几十期这样的培训班，有一大批"小姐和太太"获取了这种现代女红的技艺，冯氏也被誉为"编结导师"，显示了她在当时编结业的地位。而后，她们中的一部分人又受聘于当时上海的各大绒线行，将冯氏的编结技艺进一步发扬光大。冯秋萍当时每天除下午二点到五点，在义生泰教授绒线编结法外，又于每日上午十二时半至一点三刻，在元昌广播电台播音。上海解放后的第三天，她就应邀在上海人民广播电台继续讲授编结艺术。冯秋萍积极倡导的编结技艺是一种新时代、新形势下的新女红。也正是在这种文化的背景下，女性自觉不自觉地陷入了男性设定的模式中。成为一个既有知识又兼备生活情趣的贤妻良母，成为很多女性追求的目标。

冯秋萍生于1911年，中学毕业时15岁。20年代末的上海，像她这样从中学毕业的女生并不太普遍，但似乎也不是什么新鲜事了。社会中层家庭的女儿，接受教育的可能性逐渐提高，学校成为很多女孩子的成才梦想之地。从冯氏所受的教育来看，求德女中是民国时期诸多教会女子学校中的一所。中西女中、启明女中的学生家庭多属富裕阶层，小康家庭的女儿们则就读求德女中类女中。这样的中学也是需要考试的，以入学成绩决定生源。大多数籍贯江浙一带的生意人家的女儿，就折中进入这样的学校，她们大多是要成为职业女性的，学校教育是她们自食其力的基础和保证。

冯秋萍没有再进大学深造。她选择了手工助教作为自己职业生涯的第一份工作。由于冯秋萍具有编结方面的才能，她当时就被赞誉为巧夺天工的编结界不可多得之奇才。① 从教师到办学，冯秋萍走的是一条典型的职业妇女的道路。当女性自身作为教育者从事女性教育实践活动时，她的主动性会更加鲜明地表现出来，从而使其教育显示出与既有教育的差异。但是，同一切事物一样，女性教育无法超越其所处的文化背景和时代，女性也只有在可能的空间内才能求得发展（张素玲，2007）。

女红首先发源于家的场域，它的出现发展最先是要满足一个家庭的生活需要。在中国社会里，妇女的价值总是与"家"关联的，中国人尤其把家放在一个非常重要和必需的位置上，"齐家治国平天下"，以家庭作为个人实现远大抱负的起点。不同的家庭类型以及女性在家庭中的地位，构成了多元的文化场景。从教育的角度看，大户人家的小姐学习女红不是出于生存压力，而是为了养成特定的素质，并通过做女红来寄托她的闲情逸致、锻炼她的修养操行。底层百姓家的女子学习女红则首先出于家计的考虑。

对于社会来说，女红的核心价值是修身养性和技艺习得。女红在女教的功能上是一种跨越，它不以文本阅读的方式而以躬身践行的方式达成目标。由于其实践性，女性无论贫富贵贱、识字与否都易于掌握和修习，久之其便成为上行下效的社会风习。让女子自小学习女红成为各阶层普遍认同的天经地义的事情，这种价值观在家庭中多以"家训""家教"的形式

---

① 旧时出版社在生活类的图书领域有一句话："张小泉的剪刀，冯秋萍的编结。"可见冯秋萍的编结书籍在当时的知名度。不少电影界、戏剧界和社会名流都主动当冯秋萍编结教材上的模特。

加以贯彻。表面上看，学习女红是为了生计，这一现象在下层的劳动阶层中显得尤为鲜明和突出。事实上，它的背后是对家庭分工中的"内外有别"的强调。人们通过这样的特定的技艺将女性的职责定义在内帏的范畴，并居于公共领域之外。家庭的束缚，使女性将丈夫和孩子作为生活的全部和精神的寄托。长期囿于这样的角色，女性往往已经习惯这种分工并将其内化为自身的价值观念。

冯秋萍等的教材就始终贯穿着这样的观念。1936年12月，冯秋萍出版了《秋萍毛织刺绣编结法》，将自己设计的花形与款式、使用工具、材料、方法和步骤公布于众。1947年，冯秋萍又出版了《秋萍绒线编结法》，这本书收录了她在民国时期设计的不少经典之作。上海解放后她更是连续出版了十余部著作，同时还在一些期刊上发表文章继续推广编结技艺，其影响十分深远。在其出版的教材序言中，她写道：

> 我为造就妇女生产技能，提倡编结艺术，故分班学习迄今已十余载，先后毕业二十七届，人数达二千余名，又于课余，主编绒线编结法一书，出版亦已有二十一期，内容由浅入深，结法自简易之棒针，以及繁复之钩针刺绣，式样自轻便之工装，以及青年男女之各式时装，无不尽备，俾全国妇女，均可按书学习，随意编结。
>
> 绒线原为舶来品，今则国人已能利用国产羊毛，自纺自染，质地坚韧耐着，如欲除去污损，改变式样，可以拆散洗涤，重行编结，色泽鲜艳，依然如新，非如呢绒绸缎之不易洗涤拆改，不特如此，且可集合颜色不同之绒线，加以整理，仍可结成各种式样之服装，回忆四年前，当时物资缺乏，绒线更甚，我以旧有之各色剩余绒线，结成各式新颖服装，开展览会于霞飞路，颇为各界所赞许，现在政府提倡节约生产，我妇女界岂敢后人，故特致力于此，将零星杂色绒线，苦心设计，结成多种美观实用之童装，舞裙，载于本期绒线编结法，名为儿童特刊，经济实惠，舒适温暖，为儿童发育时最适宜之服装，谅为我全国妇女界所乐于采用也。（冯秋萍，1949）[1]

序言中寥寥数言，将一个职业女性的勇气和理想都彰显纸上，既抬出了自己在编结领域的翘楚地位，又不失委婉地将女性的细腻与温柔渗透在字里行间。在当时的社会背景下，像冯秋萍这样的职业女性不仅要在职业技能上有过人的本事，同时在社交、经营上都必须处处与男性竞争一番。①黄炎培的堂妹黄培英就和冯秋萍一样在编结领域独当一面。1935 年黄培英编写的《培英丝毛线编结法》一书，发行量高达 30 万册，使其成为 30 年代知名的绒线编结专家。此类教材，多由编者自创，汇集当年沪上各界名流、社会贤达、演艺界名伶等多人题词手迹、照片，并在封面、封底、扉页等处印有商业广告。

　　除却商业广告的成分，从教材编写的体例来看，该类教材还是以实用为目的的。以冯秋萍的教材为例，可以将其分为两类。

　　第一类是技法总结类，如将绒线刺绣的方法总结为飞形刺绣法、回针刺绣法、钮粒刺绣法等 12 种方法，将绒线编结的针法总结为底针、短针、长针、交叉针、萝卜丝针等几十种针法。

　　第二类是培养兴趣和点评时尚类，如指出编结作为一种现代女红的特点和优点，培养了初学者的兴趣；总结了毛线衣的美与节省之间的交互关系；提出毛线衣也应当遵从流行、与时俱进；等。

　　除了编写教材之外，冯氏们还在当时流行的传媒——广播中传授技艺，定点定时开班授课。20 世纪 30 年代以前，电台广播节目中很少有妇女节目的一席之地。1932 年，中西电台开辟家庭教育讲座，其中不少内容涉及妇女问题，可说是上海开播较早的妇女节目。此后，有 20 多

---

① 从黄培英的档案材料看，最初冯秋萍在黄培英的家里短暂学习过编结（经冯秋萍的表妹鲍国芳介绍），后冯秋萍又在虹口的日本人处再学习。因此，黄培英一直认为自己是先于冯秋萍出道的。而冯秋萍的社会名气在 20 世纪 40 年代后期及解放后逐渐超越黄培英，并且对曾经在黄培英处学习的经历三缄其口。多年以后（1956 年后），冯秋萍与黄培英成为同事，但出于各种错综复杂的原因，互相对对方的技艺水平不认可，两人的相处始终不甚愉快。黄培英由于家庭、个性、身体等多方面因素，在新的时代里始终不很得志，又因早逝，所以不太为人知晓。而冯秋萍 20 世纪 80 年代职业生涯的再次辉煌使其变成家喻户晓的编结大师。两个身怀技艺的女子不同的人生轨迹和命运很是让人唏嘘。

家电台陆续推出了各种妇女节目，包括"妇女讲话""夫妇之道""妇人与修养""家庭教育""家庭经济""妇婴卫生""编结烹饪""妇女服饰"等。有关妇女教育、就业等问题的讨论，间或也有播出，但比重较小。①冯秋萍于1938年先后在永明、华英等电台播出她的绒线编结法，其节目播出后迅即成为当时最受广大女听众欢迎的节目之一，并在四五家电台播出，长盛不衰。

　　基于手、手工、手工具和手工技术的人文特性，手工劳动能够给人带来劳动本该有的乐趣——创造性地、有益地、富有成效地使用他们的大脑和双手的乐趣。在手工劳动中，手与脑、身与心协调运动，亲密结合，使人的交融着社会文化因素的历史经验和现实体验，有可能完整而全面地、自然而流畅地抵达作品的表层和深层。

　　因此，从一般意义上说，手工劳动通过对个人的各方面素质和才能的顺应与发挥，通过对个人可能呈现的丰富性和多样性的维护与包容，通过对个人支配和表达自己的自由意愿的尊重和满足，显示出一种天性般的"生产完整的人"的可能性和倾向性。如何看待女红的文化价值，事实上也就不言而喻了。

　　事实上，冯秋萍的婚姻与职业是融为一体的。冯秋萍在婚后也不可避免地选择了回归家庭。冯秋萍的绒线编结学校就设在冯秋萍丈夫的良友绒线店楼上，这种类似家庭作坊式的商业模式，将冯秋萍与丈夫捆绑在一起，二人共同经营事业和婚姻。

　　冯秋萍幸运地把爱好、职业理想和主流价值观通过一个载体——编结，很好地平衡起来。这恰恰既吻合了社会、男性精英知识分子们对女子的期许，又帮助女性在夹缝中寻找到一条合适的职业道路，满足了职业女

---

① 1937年抗日战争全面爆发前后，许多著名女社会活动家和著名女演员在电台进行抗日救亡宣传，对唤起女界同胞的抗日热情发挥了独特作用，也使电台的广播内容别开生面。1937年11月后，上海沦为"孤岛"，许多电台被迫停业或被查封，剩下为数不多的电台被日军接管，原来生气勃勃的妇女广播节目顿告沉寂。1945年抗日战争胜利后，各种妇女节目又在电台恢复播出，其内容知识性、趣味性、生活性突出。（《上海妇女志》编纂委员会，2000）517

性的希冀。

　　不难看出，20 世纪 30 年代的知识妇女在家庭与职业的选择上一直处在彷徨犹豫的两难境地。翻看冯秋萍的人生可见一斑。她在 30 年代曾红极一时，抗日战争后一度从公众视野中消失（回归家庭），为了丈夫的事业和家庭的经济[①]，40 年代重入社会，再次达到职业的高峰。女性教育的目的是妇女的解放，然而囿于制度、政策、社会环境、思想，解放得并不彻底。在现实生活中，女性一旦在由男性制造的解放话语中觉醒，她们就开始反抗男性的想象。但是这种男性知识分子的精神引导对女性的冲击无疑是巨大的（张素玲，2007）。女性在反抗中又陷入困惑和迷茫，内心的矛盾无以复加。少数精英女性成功地挣脱藩篱，在社会上挣得一席之地，而大多数女性则成为男性背后的一个美丽的阴影，曾经风头正劲却在婚姻、家庭的牵绊下归于沉默。

二、经世适用的女性职业教育与女性职业

　　由于女红在中国女性生命历程中的特殊地位，近代的女子学校和女性教育，大多都开列刺绣、纺织等家事科目。在女性教育肇始之际，这一教育内容汇集了多重功能：其一是给女学生以及她们的父母以安全感，表明女校虽是新事物，但教授的都是老技能，为学校做了合于礼法的背书，以说服她们来接受教育；其二是适应了中国女性角色的定式，降低了入学的门槛，且确乎提供了合用的教育，为当时入学的女性尤其是中下层女性准备了日后生存的技能；其三是推动了其他现代知识的传播。

　　这时的女子职业教育，并不以培养职业女性为目标，也没有表现出这样的效果。女性习得的技能，只在家中可以发挥补贴家用的作用，社会不鼓励也没有可能让有蚕桑纺织技能的女性成为职业工作者。但随着纺织机

---

① 详见冯秋萍档案中的自述材料（藏于上海工艺美术研究所）。

器大工业的到来，这批女子成为第一批纺织女工的预备役。

清末"新政"实施后期，女子职业学校的设置已经不囿于东南沿海一带，而深入内地，甚至偏远地区；所设学科也更为广泛，且学科内容更为细致、深入；进入女子职业学校就学的人数也越来越多。虽然女子职业学校还没有取得法律上的地位，但它却和女子师范学堂一样耀眼、璀璨，并产生着特殊而非凡的影响。

近代上海是新式教育最为发达的城市之一。与北京等地不同的是，上海的新式教育实用主义色彩较浓，而且能够灵活地顺应社会的需求开设专业性学校和应用型学科。20世纪20年代，上海的中等学校中近一半设有经济学、商业学、簿记、速记、打字等，也约有三分之一的高级小学开设商业课。上海职业学校及补习职业学校1929—1936年开设的课程有商业管理、金融、交通、运输、通讯、建筑、医疗卫生、外语、打字、会计、簿记、家政等，为社会提供了大批的技术工人和中初级人才。上海学校的办学旨趣，具有一种为工商业提供职业人才的导向。在社会转型中，这种社会职业教育对于帮助那些没有机会接受系统新式教育的人补习现代生活、现代职业所需要的理论、知识与技能，使之尽快适应社会就业需要格外重要。

女子职业教育的必要性是得到近代有识之士的一致认同的。1926年8月，邹韬奋化名"思退"撰文指出，女子职业教育可改进女子生活，并补足家庭收入，且增加全国的生产总量（思退，1926）。杨鄂联（1930）从提升女子的自尊心和自立能力论证，应提倡女子职业教育，使女子摆脱对家庭生活的依赖和对男性经济的附庸。但无论是邹韬奋还是杨鄂联，他们最后都收论于女子在接受了职业教育之后，最好还是从事围绕于家庭、可以两面兼顾的职业。杨鄂联（1930）索性提出，女子职业教育的范围要扩大，但仍应以家事做中心。有研究者对《教育与职业》杂志进行了考察，发现20世纪二三十年代，这本影响颇大的杂志非但没有强化女性在社会职业中的地位，反而推动了将女子职业教育窄化为家事教育的倾向（万琼华，李霞，2011）。

无论知识分子和社会舆论的话语如何，无论当局发展女子职业教育的初衷如何，客观上近代上海女子职业教育仍取得了长足发展。1913年8月，教育部公布实业学校令，同时承认了女子职业教育的合法性。此后，专收女子的助产职业学校纷纷出现，原来只收男生的职业学校也开始男女兼收。据统计，至1935年，全市已有职业学校19所，共计有女生897人，占职业学生总数的22.2%。19所职业学校中，助产学校占7所，学生549人，全是女性。(《上海妇女志》编纂委员会，2000)[470]

　　20世纪20年代，除了中小学教员与医护工作者，上海已有女子银行经理、饭店经理、银行职员，缝衣公司、商店等开始雇用女店员。30年代初，上海出现了社会地位较高的女记者、女编辑、女律师，电话局和大机关普遍雇用女接线生，个人或团体已多雇用女书记（女秘书），商业机关则多雇用女打字员。女子职业的多样化，得益于基础教育和职业教育的双重发展。城市女性在具备了基本的文化素质之后，有了成为社会公共领域中非体力劳动者的资格。从社会背景看，这也是长期以来男女平权和妇女解放的话语和社会生活发展的结果。《上海周报》对20世纪30年代的上海女性职业做了详细的介绍与评价，将女性职业分为12种，并为女性谋职做了初步的职业指导，大致概括了当时女性职业的景象：

　　　　1. 公司女职员——公司女职员所担任的职务是打字，速记，和翻译电报三种，这三种工作都是英文的。目前上海各公司洋行，对于能做这三种工作的女人才是很需要，每月待遇自三十元至六七十元，如有相当技能随时都可以投函自荐。①

　　　　2. 学校女教员……②

①　1937年，15岁的少女鸥守机自启秀女中初中毕业后，因家境拮据，不能继续读高中上大学，便向姑母求助三枚大洋，到立信学校学中文打字。她回忆，当时立信学校打字课两个月是一学期，学费是两元五角，再付两角买用来练习的白纸。学生只需隔天去学校，上下午均可，每次学习两个小时。(鸥守机，2003)

②　在前章已有论述，此不再赘述。在20世纪30年代的上海，欲谋得公立小学教职已非易事。

3. 女明星——目前妇女界最轰动大众的要算银幕上的电影明星了。……女子献身银幕必须具备下列几种资格：（一）面庞要美丽且善于表情；（二）肉体要丰满（不是肥胖）而且身体要生得婀娜，能够充分的显露曲线美；（三）态度要活泼口齿要伶俐。近年来中国电影事业仿效外国电影以来，也一天一天的进步起来，电影是艺术之一，献身银幕当然也是一种正当职业，但在中国的一般电影明星，因欠缺本身修养，往往为社会人士所鄙现，尤其是女子最容易堕落在浪漫的生活里。①

4. 女店员——近来上海各大百货公司，如先施，永安等也仿效外国有女店员的雇用，但他们雇用女店员的动机，并不是真正在提倡女子职业，不过想利用女子的魔力来吸引顾客罢了。我们走进各大公司终日忙碌的还是男店员，女店员仅仅靠在玻璃柜上招待顾客而已。这种职业，虽属正常，但照此情形，对于女子本身却毫无益处，且予人以诽议，有类侮辱女性。②

5. 银行女行员——目前上海各大银行都有女行员的雇用，女行员大多是由练习生升起来的。银行招考练习生是没有一定的期限，需要的时候便登报招考，考的规则非常严格，……应考者每每是大学毕业生居多数，若考试不合，虽属行长经理的亲戚亦难录取。③

6. 看护妇——凡有初中毕业对各大医院有相当之熟识者均可设法

---

① 女性出现在现代电影和戏剧中，是广受社会非议的，又是近代上海大众文化发展的必然。女明星的职业生涯常常伴随侮辱和歧视。

② "永安公司和新新公司为推销进口金笔做广告而雇用女店员，冠以'康克林（金笔商标）西施'、'派克（金笔商标）皇后'等名称，把女店员当做招徕顾客的'花瓶'。……商店雇用的女职工，不但要求年轻美貌，而且规定不准结婚。百货业行规中规定'发现女职工结婚或订婚即予开除，女职工年过30岁令其自行告退'等。"（《上海妇女志》编纂委员会，2000）347 女店员的就业是极其不稳定的，经常出于家庭和婚姻的原因退职。

③ 1924年，上海女子商业储蓄银行开业，5年后有女职工38人。据1949年统计，解放前上海的银行、钱庄共有职工23662人，其中女职工1161人，占职工总数的4.9%。（《上海妇女志》编纂委员会，2000）343

介绍进去。①

7.接线生——上海租界和华界电话局里的接线生，大概是雇用女子居多数，接线生的待遇是二十元至三十元，可以随时投函自荐，不过近来，上海电话都采用自动机，对于接线生是有减无增，以后欲谋是项职业，恐不容易了。②

8.女工……

9.佣妇——佣妇有两种，一种是外国人住宅里的，待遇比较好些，但须懂几句英文或日文会话；一种是中国人住宅里的，每月工资约在五六元或七八元不等；充当佣妇的以扬州人居多数……

10.女理发匠——先要进女子理发社学习，六个月毕业后，就可在几间女子理发社充女理发技师。③（郡兴，1933）[252–253]

此外，还有女茶房和女招待两类，但这两类职业专业性不强，且往往需要出卖色相。不过，1935年董竹君在锦江茶室开业前，登报招聘了一批女招待员，应考者多数是中学毕业生，轰动一时。这些女学生的父母一度很不放心，因为当时上海服务性行业有女招待员的颇少，老板利用她们来做广告，招揽生意，所以顾客很自然地不给予尊重，形成社会上轻视女招待员的不正风气。锦江茶室的服务员都是女性。董竹君清倌人出身成为督军夫人，又脱离丈夫自主创业，深感女性独立首先是经济独立，对她们的管理非常严格，不仅培养她们搞好业务，还教她们在思想上认识到工作不仅仅是为自己赚钱养家，而且要为妇女的社会职业开辟道路，

---

① 鉴于当时助产和护理教育尚未开始发展，助产士和护士被看作与医院仆佣相似的职业。

② 1921年，上海电话公司设女话务员养成所，培养女话务员，1922年，公司有女话务员约8名。至30年代初，公司的女职工约占职工总数的25%。在电话公司接线生中，福建问询台全部是女职工，路升、虹桥人工交换所，以及西行、华勖等半自动交换所多数为女职工。（《上海妇女志》编纂委员会，2000）[312]

③ 沈叔夏等发起上海女子理发学校，在该校学习，"只需四个月，就可毕业任事"（佚名，1930）。1926年，上海开设了"北京"和"四育轩"两家女子理发店，全部聘用女子技师，以方便不愿与男子同堂理发及不愿让男性理发师理发的女性，是上海最早的女子理发店。（《上海妇女志》编纂委员会，2000）[343]

提高妇女社会地位。在当时上海各茶室以女招待卖弄风情招徕顾客的风气下，锦江茶室的女招待服务周到、作风正派，博得了社会好评。（董竹君，2013）

除了上述职业外，还有女律师、女作家、女画家、女医生等更为专业的女性职业，但并非普通女性能够企及。

邮政部门也是女职员比较活跃的一个领域。1920年，上海邮政部门首次招考女职工，邮政储金汇业局职工只需初中毕业，且可通过私人介绍，但其中大部分属非邮政人员，职务低于正式邮政人员，从事的主要是劳动报酬较低的非技术工种。1928年，储汇局非邮政人员的220人中，女职员为88人，占总数的40%。邮政部门的女职工大都是具有高中文化的乙等邮务员。女职工报考一般甲等邮务员必须大学毕业，并略懂英文，报考邮务佐须具有初中文化。1937年上海邮政局职工中女邮工有50人，1938年女性邮务佐有14人。（《上海妇女志》编纂委员会，2000）[312] 海关和进出口商行中，也有少数女职工从事统计员、打字员等基础的工作。

上海政府到20世纪二三十年代开始逐渐吸纳女性职员。1928年起，陆续有知识妇女进入上海市的政府机关担任公职。1935年8月时，在国民党上海市政府内有女职工214人，占职员总数（3539人）的6.05%。（《上海妇女志》编纂委员会，2000）[189] 值得注意的是，近代上海还出现了一批女性创业者，她们的尝试是女性经济完全独立的先声。

三、近代上海女性医护助产教育

医学是较为适合女性生理、心理条件的一种职业。清末民初中国医学在妇科方面仍旧薄弱。有鉴于"妇女所患之病多于男子，且往往有隐情不能言者，以男医审女病，不过十得其五，若外症之在下体者，更无论矣"的现实，当时不少有识之士将兴办女医学堂视为培养女医生和女护理人员的重要的必然选择，这使女医学堂成为清末女子职业学校的一种重要形式。其中，又以助产学校人数最多、影响最大。

数千年来，国人皆视妇女生产为"瓜熟蒂落"的自然过程，对助产技术无甚讲究。民间的接生术向来为师徒、婆媳母女之间传授，其中又混有异端迷信等，孕妇、婴儿的死亡率很高。虽然如此，国人仍熟视无睹，谓之"死生有命"。清光绪年间，随着西方教会医院的创立及妇产科业务的开展，因难产而生命危在旦夕的产妇，一经送往西式医院求治，即"不逾时而胞胎俱下，大小均安"之类的报道屡见报端。1896 年，有识之士在《申报》撰文呼吁学习西方，应让妇女学医，"以女医而仿西国之例，兼事收生"，以取代"粗蛮浮躁，见识全无"的稳婆。（《上海妇女志》编纂委员会，2000）[481]

科学助产接生方法的传入和传播从教会医院及其开办的护士学校和训练班开始。英国伦敦基督教会多次派遣医学传教士在上海进行实地探索和考察后，于 1844 年 2 月开设了上海第一家西式医院"中国医院"。医院以"慈善"为名，普济贫病百姓，求医者愈来愈多，至 1932 年扩建成一座设备较好的六层楼现代化医院，并正式命名为"仁济医院"。1894 年，仁济医院护士长海莉（Halley）以临床带教的方式开始培养护士，至 1909 年发展出独立设置的培训护士的专门机构，1914 年该机构正式定名为"上海仁济护士学校"。1915 年，护士学校开办男子护理班，为中国培养了最早一批"男丁格尔"。报考护士学校的条件相对较严，规定报考者须为 18 岁以上，未婚，有两人举荐，高等小学毕业。男生学习期为四年，女生学习期为五年。

1883 年，美国基督教传教士文恒理（Henry William Boone）在私立同仁医院内试办护士训练学校，对少数男女学生进行特殊训练，以尽护理职责。该训练班后并入广仁护士学校。1884 年，西门妇孺医院创办。当时西医不发达，社会风气未开，有志来学习病人护理的人寥若晨星。西门妇孺医院业务发展后，于 1921 年扩大护士培训规模，正式成立私立协和高级护士职业学校，学校招收初中毕业女生，办学经费全部由西门妇孺医院负责拨付。此外，相继成立的护理学校还有私立伯利特高级护士职业学校、圣心高级护士职业学校、私立广慈高级护士职业学校等。(《上海职业技术教育志》编纂委员会，2005)[55-56]

　　当时主要的教会医院都办了附设护士学校。医院办附设护士学校的传统一直延续了下来。1905年2月，李平书[①]、张竹君[②]"因悯中国女界疾病之苦，生产之危"，创办上海女子中西医学院，其宗旨是"贯通中西各科医学，而专重女科，使女子之病，皆由女医诊治"，招收了40名14—23岁"资质聪明、身体强健、曾读书识字"的女子。学校分为正科和预科，学制分别是5年和6年，后改名为上海女医学校。(谢长法，2011)[73]此前经正女学等女校中亦设护理课程，但以家庭医学常识为主。

　　清末至民国时期，上海虽相继出现了多所男女生兼收的中医学院，但因当时政府对中医采取压制政策，一般人认为学中医没有大出息，学中医的女性就更少。"当时设备条件较好的新中国医学院第一届毕业生70人中女性仅1人，第二届毕业生中女性也仅1人。"(《上海妇女志》编纂委员会，2000)[394]1925年，江苏全省中医联合会副会长丁甘仁[③]、夏应堂[④]"鉴于中国女医校之缺乏，特设女子中医专门学校"，招收"国文清通、书法端正、品行纯和"的16岁至26岁女性。女子中医专门学校的学制与上海中医专门学校相同，五年毕业。学习课程包括生理、本草、伤

---

① 李平书（1854—1927）出生于医学世家，曾任江南制造局提调，创立医学会，为张竹君义父，支持张竹君创办了上海女子中西医学院。

② 张竹君（1876—1964）出生于广州的一个官宦之家，父亲是三品官员，家境富裕。张竹君先是就读博济医院（今中山大学孙逸仙纪念医院）附属南华医校，后转入夏葛女医学堂，在1900年以优异的成绩成为中国历史上第一位女西医，也是一位优秀的医学教育工作者。同时，她也是民国女权运动者、辛亥革命先驱。张竹君奉行"不嫁主义"，终身未婚。

③ 丁甘仁（1866—1926），中医临床家、教育家。1917年创办上海中医专门学校，两年后又创办女子中医专门学校，培养中医人才，成绩卓著。最早主张伤寒、温病学说统一；于临床，打破常规，经方、时方并用治疗急症热病，开中医学术界伤寒、温病统一论之先河。

④ 夏应堂（1871—1936），祖籍江苏江都，生于上海，为当时名医之一，与丁甘仁并称"北丁南夏"（沪北丁甘仁，沪南夏应堂）。

寒、方论、金匮、明理论、杂病心法、温热、四诊心法、妇科、幼科、外科、医案、医语、国文、书法、缀法等。（张效霞，王振国，2017）[64-65]

对女性医护工作者需求最多的还是妇产和小儿领域，其中以助产为最急切的需求。据推算，当时我国每年需要救助的产妇和新生儿共有2700万人，为无专业训练的接生婆所误，我国产妇和婴儿的死亡率是欧美各国的四五倍（叶式钦，1939）。在富国强种的话语体系下，科学助产与国家种族联系在一起，成为一种社会策略和公共政策。护理学校和其他医科学校培养的护士和医师，在经过一段专门训练后均可胜任助产工作，但医护学校培养周期长、学费比较昂贵、入学要求比较高，因此培养出的毕业生数量甚少，一时不能满足社会的需求。

民国伊始，在助产人才极度缺乏的情况下，国人自办的护理和助产学校开始兴起。1911年，张竹君发起成立了女子看护学校，以"通习最新看护理法兼学产科"为宗旨，收"德性温和，身体强健，粗通文字，能耐劳苦"的16—25岁女子入学寄宿学习，所学学科有：生理学、微菌学、卫生学、理产学、看护学、十字会救伤法、病者食品学等。

同年，金融界实业家席锡蕃 ① 在爱文义路 ② 旁建立了惠旅养病院，该院在当时是一家各科齐全的大医院，手术室、门诊室、病房、产房一应俱全。席锡蕃的两位夫人都死于生产，切肤之痛使他立志要自己培养出一批用科学方法接生的医护人员，尽量减少产妇死亡。他于1944年创立了惠旅助产学校，专收初中毕业的女子，培养了一批助产士，这些女子学完后到惠旅养病院产房实习。惠旅养病院穷人治病包括用药均不收钱，产妇生孩子也不要钱，以致产科四等病房每天要接生少则八至十胎，多则十几胎。接生工作人员两班倒，每班负责接生四五胎。因为接生机会多，上海

---

① 席锡蕃（1863—1933），名裕康，别字慰振，东山席家湖人，祖居敦大堂。席锡蕃出身金融世家，一生就业于上海金融界。历任上海汇丰银行、麦加利银行中国经理等职。1912年赞助张知笙发起组织洞庭东山旅沪同乡会。1918年倡议并出巨款建洞庭东山会馆。1919年发起兴建上海惠旅养病院（又称惠旅医院），使同乡获益匪浅。热心故乡公益事业。

② 今北京西路、西藏路西侧。

各助产学校培养的助产士最希望能到惠旅养病院来实习。

人和医院院长张湘纹[1]与同人创办了上海市私立人和高级助产护士职业学校。学校初名人和产科学院，只招收女生，创办之初，学生不过10余人，后人数迅速增加，1923年增设了护士学校，并扩建了校舍、购置了现代化的教学仪器设备，聘请了一批专业教师。1930年，学校经教育局立案通过，并将全校五分之一的学额设为免费，救济有求学之志而财力不足的学生。至1940年，学校在校生180余人，培养了36届毕业生，共300余人，其中大多数为助产士。1925年，中德高级助产职业学校（以下简称中德助产学校）成立，20年间，学生从起初的8人发展为300余人，毕业生遍及全国城市和村镇。1928年，唐庆岳[2]等人创办大德高级助产学校，并附设大德医院，10年间从招生10余人发展为每届招收200余人。

助产学校的学制大多为三年，招收初中毕业、有一定文化基础的女性。到1930年，上海正常办学的助产学校有人和、中德、同德、大德、生生、惠生6所。1939年，全国有国立助产学校2所，省立助产学校12所，私立助产学校40余所，大多招收18—30岁具有初中文化的女性。助产士的工作范围包括：指导孕期卫生、执行产前检查、处理正常生产、照料产妇及婴儿、辅助医生处理难产、宣传妇婴卫生等（叶式钦，1939）。

纵观20世纪上半叶的女性教育与职业，师范和助产是两个非常特殊的领域。教师和助产士负有培养和造就有智识和健康的国民的重任，而这两个职业中女性的空间相对广阔。人之初生与启蒙，无不赖于职业女性的呵护与教养，这一职业格局延续至今。因此，不同于一般的女性职业，教师与助产士在学校教育体系和职业序列中均有明法为准、有规章可循。

上海卫生部门于1916年开始培训新式"产婆"。1927年，上海卫生

---

① 张竹君胞妹。
② 江苏太仓人，西医。自筹经费成立大德高级助产学校，不幸于1937年早逝。后同济医科大学毕业生杨元吉接任校长，妻章玉玲任教务长。

局颁布管理助产女士（产婆）的暂行章程，规定定期举行助产士资格考试，及格者才发给执照准予开业。（《上海妇女志》编纂委员会，2000）[481] 这一名称某种程度上激怒和伤害了助产士们，她们的专业教育与职业理想使她们不允许自己被混同为产婆。1928 年，《助产士条例》颁布，同年，教育部与卫生部成立了助产教育委员会，审定助产课程标准，并在北平创立第一助产学校，以政令的形式取消了护士产科班和旧式稳婆，助产教育的专业化程度得以加强。凡此种种法条的实施与修订，客观上规范和推进了助产教育的良性发展。1927 年至 1936 年，由上海市卫生局核准开业的助产士累计 555 名。但实际上，取缔旧式稳婆的实践并不理想，种种法规也给助产士的工作范围带来了限制。

在战时的上海，各行各业都面临裁员和倒闭的危机。商业、金融等消费性行业更是如此。女性在其中的职业空间刚萌芽便受到了挤压，就业机会锐减。相比之下，助产这个行业因其服务对象的特殊性，为女性的教育和专业发展提供了更多的可能。

助产学校三年的教育中，一般来说，最后一年是在各医院产科病房实习，许多助产学校本身便是医院的附属学校，或有自己的附属医院。实习的经历是相当艰苦的，助产士们从事的是无异于女佣和苦役的工作，许多人畏难而退。在这一实践性极强的领域，坚持下来的学生们也体会到了学以致用的自豪和快乐。中德助产学校的女生们在校刊上记述了她们第一次洗涤新生儿的忐忑，记述了接产的心路历程，描写了产妇和家人的欣慰。"我怀着一颗惴栗不安的心，手足无措的抱起了这刚呱呱坠地的小生命，……我深怕这初出母体的小东西，从我手中滑至地上，……洗初生儿手续才告结束，而我已自觉心神具竭了。……不意初认为此极容易之事，乃经过实验后，竟亦是如此之严重呵。"（王珍珠，1945）[46] 她们将自己的工作视为神圣的职责，在实践中体会和提升了自己的人生价值："一个女性特有的母爱，便会难以遏止的油然而生，好像每一个婴儿，都是亲生的一样，感到兴奋，感到愉快，甘愿竭尽一切的智能，受尽一切的辛苦，为众婴服务而毫无怨悔。"（陈纯一，1947）[357]

助产学校培养的专业助产士，补充了专门产科医师的不足，对人口大国来说，是迅速促进科学接生和降低母婴死亡率的有效途径，可谓应运而生。与医学院和护士学校相比，助产学校入学门槛低、学制短、学费低廉，吸引了较多的普通家庭的女性。尤其在抗日战争爆发后，从内地避难到上海的人数剧增，报考助产学校的人络绎不绝。如中德助产学校每届招收近百人，尚不能满足考生的需求。

　　然而报考人数的增加并不意味着助产学校能够培养等量的专业人才。从学习动机来看，报考助产学校的女生大致分为五类。初中毕业后，自己有学习助产的兴趣，又得到家庭支持的女生占多数，这是第一类。因家庭矛盾或丧偶、失怙而报考助产学校的是第二类。这两类女性均是为了学得一技之长以自谋职业自立生活。第三类是逃难至上海想借助产学校聊作落脚安身之处的。第四类是有闲暇的家庭妇女或赶时髦的好奇女性。后者对于助产士的职业情况并不了解，往往"盛装艳服，包车接送，上课一二周，即畏功课之繁重，遂即退学"（谢筠寿[①]，1944）[2]。第五类是高中毕业后报考助产学校的学生，误以为这是拿到医师资格的捷径，她们在弄清了两类学校的区别之后往往会退学。真正能够留在学校中完成学业的，只有了解助产行业、坚定地以此为职业方向的前两类女性。

　　事实上，据中德助产学校教务主任谢筠寿的经验，即使完成了助产学业，也至少有一半的第一类毕业生放弃了职业生涯。与家庭反目的女性成为助产士的比例最高。放弃助产士职业的原因可能有四：结婚后生活优裕无须工作补贴家用或家务繁忙无法兼顾工作；家人观念守旧不允许女性抛头露面工作，或所处的村镇不接受科学接生的观念以致无用武之地；在助产专业教育基础上改做药剂师或助理医师；接受中等专业教育后希望深造，继续报考高等医科学校。

　　1944年，中德助产学校即将送走第32届毕业生。对于自己毕业后的出路，她们中有的人将升医科大学作为首选。她们的追求是"不但要会接

---

① 德国汉堡大学医学博士，浙江余姚人，时任中德助产学校教务主任和妇科教员。

平产，同时也要会接难产"，"不但要广播妇婴卫生的常识，尤其要能诊病治病"，"不仅要懂得医学的梗概，更要明白医学底精微处"。（陈楚屏，1944）[70] 实施中等专业教育的助产学校，确实培养和激励了一批有志于妇科、产科等相关医科专业的女性，让她们在接受了基本的培训和教育之后成为更加专业的医师。然而升入医科大学需要丰厚的学识和财力，是很少有人能实现的。相比之下，到各大医院去工作是更现实的选择。但从上海当时的情况来看，毕业即失业的恐慌也侵入了助产学校，加之战争造成的交通阻断，上海的助产毕业生转投他业或辍业者甚多。

上海等大城市助产士表面上的"过剩"与事实上的缺乏是一对尖锐的矛盾。据教育部医学毕业生统计数据，从 1933 年到 1942 年，全国培养的助产士不过 2990 人，以当时的育龄女性计算，一个助产士要服务万人以上的产妇，事实上几无可能。（谢筠寿，1946）1946 年起，上海市教育局通令各助产学校加开双班，以迅速培养大量的助产专业人才，从而弥补助产士缺口。在 85% 以上地区为乡村的近代中国，最需要助产士的救助和教育的是边疆和内地的乡民。"上海拥挤着，没有你们的工作；内地缺乏着，真似天使样的等待着你们呢！"（谢筠寿，1911）[4] 面对现实的需求和职业使命的感召，不少助产士纷纷选择到没有产科人才的乡间去，切实地为女同胞们服务，同时给她们灌输妇婴卫生方面的常识（周娉娉，1939）。而在现实中，助产士在乡村往往因收费比较昂贵、民众意识未开以及自身经验不足，在与旧式稳婆的竞争中落于下风，稳婆仍占有较大的市场。

助产士是一群有相当学识的女性，她们知道怎样保护自身，知道如何教育儿童。助产教育和助产士的出现对新知识和新思想的传播影响深远。且不论其对于女性成为专业的职业者的意义，作为女性的助产士，其在私人交往和工作领域，获得了医学常识，摆脱了对生育的未知论的恐惧，掌握了基础的生育卫生和节育避孕的知识，做了自己身体和命运的主人。尤其在广大的乡村，助产士的出现不啻是对乡民的解放。她们将产妇和婴儿从稳婆和菩萨的手中解放出来，从迷信和死亡中解放出来。对于生育的迷信一旦破除，强加于妇女生理上的"肮脏""不洁""不祥"的阴霾也就会随之散去，这是任何一种教育和宣传都无法企及的效果。即便从助产学校毕业后不再从事助产职业，这些女性也至少可将所学知识用于保障和促进家庭健康，这也是一种间接的社会服务。客观上，助产士在一定范围内摒弃了稳婆古老野蛮的接生方式，提高了母婴存活率，对人口素质的提高功不可没。因此时人呼吁，在全国广设助产学校，并提高毕业生从事助产事业的比例，希冀在每县每村能有一名免费助产士，以"开民智"，并对报考助产学校的学生重资质而不重学历，建立助产士的职后教育机制（谢筠寿，1945）。

在一次次迎接和呵护新生命的经历的冲击下，助产学校的毕业生们自觉不自觉地承担了比其他职业女性更重要的社会使命，她们的教育机会和职业生涯始终伴随着民族主义的诉求。战争对弱者的戕害和妇女在旧式接生方式下无谓的牺牲，使她们认识到妇女和儿童的健康和教育对家庭和国家的重要意义，意识到女性在其中的重大责任，感到女性健全的身体和思想是民族的希望所在。在行医助产的过程中，她们也目睹了从城市到乡村，包括女性自身在内的国人对女性生产的愚昧和对女性健康的漠视，亲眼见到对产出女婴的产妇的失望和虐待，甚至对女婴的杀戮。这使助产士们在职业的范围之外，更多了一分对女性哀其不幸怒其不争的复杂情感，激起了她们自身的觉醒和解放，也召唤她们在救助生命的同时救助女性的自我，从而建构了她们新的社会性别。

四、社会性别和经济视角的女性职业者

国家对女性进入城市公共空间的态度复杂而矛盾，既同意赋予女性一定程度的行动自由，又想要规范女性进入公共空间的方式。国家和精英改良城市的过程也是重塑公共空间中女性形象的过程。依据职业身份和阶层地位的不同，女性在城市公共空间中的形象也被区别对待：有的被视为落

后的象征遭到排斥和禁止，有的因为合乎传统道德而受到鼓励（程为坤，2015）。

女店员和政府机关的女职员常常被讥讽为"花瓶"，这反映了当时社会对女性职业的一种消遣和消费女性的倾向。据原上海永安公司文具部部长李锡鏖回忆，永安公司文具部进口货多，如康克令金笔、康克令墨水笔，都是从美国来的。康克令金笔在美国不是高档货，卖不出价钱，没有销路，打四折出售。当时进口笔中，派克、犀飞利都比康克令好，但永安资本家看到康克令笔利润厚，所以把牌子买过来，销售时发张纸头，规定保用几年，坏了可调换笔尖，还叫女职工做活广告。康克令柜台上经常有一些青年来买，同康克令皇后搭讪。①原上海永安公司电气部营业员支商耆在口述中也称，永安公司做生意的办法多，上海南市有一家公记木行的小开叫张纪春，他为了要娶一位康克令小姐，每天到永安公司买一支康克令金笔。②原上海永安公司广告部部长梁燕记得，公司还经常让女职员进行时装表演和皮鞋新式花样表演，在表演时搭台，招待来宾，每天表演几次，很有吸引力。③

并非所有的女性都有完整地产生社会、家庭、自我认同的过程体验。同样是劳动者，当时能享有法律所规定之相关权利者仅限于上层和受过较高水平教育的女性，对被剥削阶级来说，这些权利是不存在的，尤其是棉纺业包身制下的女工，契约期内连人身自由都没有，更遑论陷入泥淖的娼妓了。其实，即使对于较高层次的女性职员来说，其认同过程也同样艰难。据对 1937—1941 年发行的《上海生活》杂志载文分析：

> 在上海，女职员的总数，估计起来至少也有十万左右。除了女银

---

① 参见上海档案信息网，关于永安企业的口述史料之六，http://www.archives.sh.cn/datd/slyj/ksls/202209/t20220923_66705.html（访问日期：2023–03–01）。

② 参见上海档案信息网，关于永安企业的口述史料之四，http://www.archives.sh.cn/datd/slyj/ksls/202209/t20220923_66703.html（访问日期：2023–03–01）。

③ 参见上海档案信息网，关于永安企业的口述史料之十，http://www.archives.sh.cn/datd/slyj/ksls/202209/t20220923_66709.html（访问日期：2023–03–01）。

行员、女书记、女打字员外，大多数是女店员，她们在生活的漩涡中挣扎着。……

　　女职员们第一个苦闷，便是寻求职业的困难。因为在失业浪潮澎湃的现社会，男子们尚且失业者众多，找事做难于上青天，更何况女子呢？而办公室里有几个女职员，的确能把空气调剂得生动一点。（杨公怀，2006）[211-212]

女职员们是时刻生活在动荡与危机中的。她们抗议自己遭到的不公待遇，痛述在得到职业机会的同时被视为"花瓶"和裁员减薪的首当其冲者。对于自己的工作价值和社会贡献，她们认为和男性是没有区别的："我们想我们所担任的工作，与男子的没有分别。我们所得的效率，也未始不及男人，我们和男子受同等的教育，做同等的工作，为什么我们不能和男子站在同等的地位？"（岩，1938）[13] 女性就业并不仅仅是为了赚取报酬，更是为了向社会证明自己的价值：

　　因为我们是"人"，是一个独立的"人"，我们要尽我们做"人"的义务，就是家里富有的小姐们，如果稍为明白一点的话，也不肯闲坐家中做金钱的点缀品！（岩，1938）[13]

1937年，15岁的少女鸥守机自启秀女中初中毕业后设法谋职。她在《新闻报》上看到了"大上海广播电台"的广告，招聘16—20岁的初中毕业的女性，要求应聘者懂广东话、能抄写。其时，日军已入侵上海，城中一片恐怖气氛。她很是担心这是个陷阱或这是有损民族气节的工作，但抱着尝试一下的心态还是去应聘了。考场设在哈同大楼①，有20余位年轻女子前来应聘。鸥守机应考官的要求，用广东话读了一篇新闻内容，再用

①　现南京东路257号，后为德国西门子公司上海办事处，1936年冬老介福入驻，1956年此楼更名"南京大楼"，后常被人称为"老介福商厦"。2009年，老介福从一楼搬至三楼，大楼被改称"外滩名店"。

上海话讲解内容，又填了表格，几天后，她收到了录用通知。这份工作的地点在外白渡桥礼查饭店 ① 二楼，工作内容是用广东话报告新闻和抄写稿子。由于礼查饭店当时由日军管理，工资用军用票结算，每月 70 元，相当于 350 元 "储备票"，约 175 元法币。（鸥守机，2003）这是一份相当可观的收入。20 世纪 30 年代上海职员的收入依行业、职别而拉开档次。英电公司高级职员月薪为 60—300 元，领班职员月薪为 50—120 元，连写字间中听电话者月薪也有 60—90 元。报社编辑月薪 40—100 元，主笔月薪 200—400 元。大学教授月薪 400—600 元，副教授月薪 260—400 元，讲师月薪 160—260 元，助教月薪 100—160 元。中学教师月薪 50—140 元，小学教师月薪 30—90 元。旧式商店中职员月薪约 30 元，一般店员月薪 10—20 元。新式商店中普通职员月薪 20—40 元。（忻平，1996）[320] 月收入超过 50 元即达到小康水平，月收入一二百元以上则进入中产阶级。1938 年虽已开始通货膨胀，物价还是维持在正常水平以内，工商经济甚至出现了畸形的繁荣。

通过自己的技能得到的这份工作，对少女鸥守机的一生意义非凡。她形容此时的人生是 "意想不到的美满"：一是在家庭的地位提高了，继母和父亲对她另眼相看；二是每个月有工资收入，她也学会如何安排钱的花用，更明白了常人说的钱是万能之物的含义；三是自己能有工作；四是在社会上学到了许多在书本上学不到的知识，包括在社交上的人情世故。（鸥守机，2003）[62] 对自己的收入，她是这样分配的：每月 30 元补贴家用，另给两位祖母和姑母每人 5 元零用，再时常买点食物送给奶妈，还有一部分收入用于自己购置新衣和新式的日用品、做头发等等。昔日仰人鼻息、寄人篱下的弱女子，蜕变为从容不迫的职业女性。鸥守机自传的封面照片上，她身着长及脚踝的印花旗袍，款式偏保守，腰身和开衩都中规中矩，但看得出面料和做工精良。头发是电烫过的，整齐地做成卷，十分妥

---

① 礼查饭店（Astor House）是 19 世纪和 20 世纪上半叶上海的主要外资旅馆之一，1959 年以后改名为浦江饭店。

帖。面容微微修饰了一下，全身无任何琐碎的装饰，是标准的 30 年代白领丽人的做派。她单手撑在照相馆作背景的高低小几上——电镀桌脚的极简样式也是那个时代顶顶时髦的东西。光源从上方和右侧照过来，在墙上留下一抹窈窕的剪影。要是那样的年轻女孩子正坐在你的对面，你会有机会看到她们柔和的脸上，有一种精明和坚忍的神情，像最新鲜的牛皮糖那样，几乎百折不挠。她们好奇而不动声色地观察着、体会着这个光怪陆离的世界，享受着这份热闹和人气，因为这里有她们的一份贡献而显得格外贴心贴肺，有一丝不愿为外人道的快乐。（陈丹燕，2001）

从鸥守机充满自豪的回忆中可以看出，职业使女性得到了尊严，更使女性体味到了人情冷暖、世间百态，这些是在闺阁和学校里学不到的。稳定可观的收入，使女性从家庭的寄生者转为生产者甚至主要赡养者，同时也自然获得了经济支配权。

工作和社交积累的经验，使职业女性在安排自己的人生时格外淡定和现实。鸥守机先后交往过四位男士，最后选择了圣约翰大学毕业、在上海电话公司工作的梁人杰。梁人杰是鸥守机的姑母介绍的，他与寡母和妹妹一起生活，家庭成员简单，且每月收入 360 元，生活优渥。他对鸥守机的家人十分尊重和蔼，每月主动贴补他们。经济上的保障和个性上的投合，促使两个年轻人在 1939 年 5 月 29 日结婚了。在鸥守机的心里，这是她人生真正的开始。她在婚后再也没有工作过，生育了 5 个子女。

大部分女职员在结婚之后就不再回到职场，而录用女职员的雇主也会事先声明不接受已婚女性。究其原因，最显著的当是女性要负责生育及家务，养育子女操持家务将在婚后占去其大部分的时间，使其无法安心工作，且当时可为女性解后顾之忧的大众保育和家政机构尚未普及。再深想去，即便子女和家务可假他人之手，一般职员阶层的女性对于工作的期待也不会使这些工作转为终身事业，她们的教育准备和文化准备尚不足以支撑漫长的职业生涯；少数婚后留任的女性，又往往遭遇升职空间狭小等不公待遇。

关于职业女性与婚姻的关系，当时有这样几种论调：一是认为家务与职业是不能相容的，已婚女性应当离开职场；二是认为二者可以兼得；三是认为女子本就应相夫教子，根本不应勉强其从事超出自己能力的职业；四是认为为人妻母也是一种职业，与其他职业可以并存但应专一，换而言之，如果不离开职场，就不要步入婚姻。（詹詹，1930）持第一种观点的人占绝大多数，而能作为第二种观点的例证的女性凤毛麟角。所以，女性对待职业出现了三类心态：第一类是以"职业为职业"，这种心态是最为积极的；第二类是"以职业为尝试性质"，这种女子在心理方面比较脆弱，对社会和职业抱着一种好奇的心理，一旦遇到挫折便会躲回家庭；第三类是"以职业为游戏性质"，这类女性只是借着职业的机会交际或择偶，工作能力和责任心都颇为堪忧。（寒君，1942）

受过近代教育的女性看待职场与家庭两个空间，不免带有"围城"的心理。1945 年 2 月，苏青对采访她和张爱玲的记者谈道：

> 在我未出嫁前，做少女的时候，总以为职业妇女是神圣的，待在家庭里是难为情的，便是结婚以后，还以为留在家里是受委屈，家庭的工作并不是向上性的。现在做了几年职业妇女，虽然所就的职业不能算困苦，可是总感到职业生活比家庭生活更苦……，故目下我们只听到职业妇女嫁人而没有听到嫁了人的妇女定愿无故放弃家庭去就职的。这实在是职业妇女最大的悲哀。（苏青，2009）[240-241]

苏青本人就是放弃家庭去就职的知识女性。从宁波城西的一个书香门第走出来的苏青，在宁波中学就读时，就被同学视为"天才的文艺女神"。中学毕业后，苏青考取了当时的南京国立中央大学英语系。与李钦后结婚后，她中途辍学定居上海。尽管受过良好的教育，苏青开始并没有做职业妇女的想法，但因为家庭经济问题夫妻反目，丈夫的一记耳光和一句"你是知识分子，可以自己去赚钱"的讥讽，让她开始卖文为生。结婚十年，做了三个儿女的母亲之后，苏青终于脱离了这段婚姻。

即便如此，1945 年的苏青还是耿耿于怀地说："在社会上受了气，心里便觉得非常难过，决不会容易忘怀的。"（苏青，2009）[241] 苏青开始争取独立的经济地位的时候，正是上海的孤岛时期。凭着宁波人与生俱来的生意头脑和一股冲劲，她自己出书自己发行，旧历年前钱不凑手，坐着黄包车推销《结婚十年》，龙凤帖式的封面落在雪地里，竟是一幅生动的浮世绘。

　　然而女强人向来不是大多数人所愿看到的。苏青的作品大多限于现代家庭、婚姻、女性范围，诸如子女教育、女性的出路、现代母性等，无涉时局，的确没有强烈的民族意识。由于她声名鹊起时正是日寇盘踞上海的时期，评论家们便臆断她为鼓吹敌伪的无节文人。这些无端的攻击为苏青带来了牢狱之灾，导致她健康状况的恶化，从此孤寂终老。

　　近代上海的社会福利保障、经济水平、社会心态，都远远未达到支撑大批职业女性长期从业的程度。在"女结婚员们"看来，职业只是在走入婚姻之前的一段时髦的过渡。谋得职业说明了女性的受教育程度和社会化程度，这像无形的陪嫁，为选择和经营婚姻提供了资本，又提供了一层保障。婚姻不如意的时候，或许还可以逃进职业里去，不必完全依赖男性为生活来源。40 年代的女作家张憬的笔下有这样一位受过高等教育的家庭妇女李太太，她指点刚从乡下来上海的王师母说："我到底是一个大学毕业生，要是老李对我有半分不是；看他对得起人，我马上出去做事情。我是一个能自立的女性，与你自然不同。"（张憬，1941）[98]

　　李太太的高等教育不是白受的，她聪明地挑选了新式文化中有利于自己的成分，与中国社会传统的两性分工结合得天衣无缝，给自己编结了一个舒适而看似逻辑缜密的理论。她的口号是"男女平等"：男人不做针线，女人也可以不管。至于她不去找职业则是为了这个家，她认为，一个主妇管这么一个家，使丈夫一回家便有一个如花似玉的妻子来迎接，是比职业更重要的。然而真的在婚姻出现危机的时候，李太太们也未必有魄力像自己宣称的那样进入职场。

　　事实上，回归家庭的女性也不一定会失去其独立和尊严。在近代上海，女性在家庭中的地位并不低。在明清时期的上海，因为纺织业发达，妇女在家庭经济中的地位发生逆转，对经济的贡献度和支配权明显上升，这使妻子在家庭中的强势地位一直延续下来。同时，近代上海中产阶级家庭呈现小家庭的趋势，欧美"主妇"观念的传入和上海女性在家庭中传统的优势地位，使上海的中产阶级的男性，已经习惯于在妻子的管理下支配收入，有俗谚云：家有贤妻，夫不遭横事。近代上海妻子在家内的权力越来越大，实际上掌握着家庭的财权，这使女性的话语权和地位得到了一定的稳固，而在主妇中也流行基础会计簿记知识的学习。

不过在任何一个时期，女性实际上都不具有在职业与家庭中自由选择的可能。能够将家庭主妇的角色扮演得有声有色的，也只是近代上海为数很少的中上阶层女性，因这需要足够的知识和经济实力。因此大多数上海职业女性的日常，还是在与社会性别压力和生活压力的抗争中度过的。

近代上海发达的学校教育与职业教育，以及多元的社会职业生态，使女性店员、银行职工、邮电职工、助产士等构成了一个新的女职员阶层。她们的教育来自普通和职业两种学校，也有在就职之后接受继续教育和职业培训的经历。她们的知识和职业是崭新的、高度现代化的，随着城市的变迁而变换范围。

在服务业就职的女性，她们的职场形象始终与生理性别相联系。城市消费了她们的美和智力，也为她们提供了公共消费空间。在这样的进程中，关于职业女性的各种话语喧哗不已，围绕女性与职业、女性职业与家庭、女性职业身份与妻母职责的争论伴随近代上海职业女性生命历程的始终。

与其他职业女性相比，助产士肩负的社会使命更加博大而沉重。助产士和教师，一个改造人的生命，一个改造人的精神。直接指向人的本质的职业特点，使助产士对职业身份及在职业中解放自己和其他女性有着更加深刻的认识。政府对助产职业的种种政策，也强化了助产士的社会功能。

与教师的职业空间在相对封闭的学校不同，近代上海女职员的活动半径更为广阔，她们与男性和男性社会之间的制衡更为复杂，对自己的性别角色认知模糊而多样，存在较大的随意性和灵活性。女性在家庭中的自由和权力，也是颇可寻味的一个话题。

　　尽管近代上海出现的女性职业前所未有得丰富，女性化的职业与职业化的女性距成为主流仍相去甚远。这是由当时上海的就业状况、女职员的自身素质以及社会对女职员的一般认识所决定的。

第 四 章

近代工业中的纺织女工教育与职业

　　中日甲午战争结束后不到 20 年的时间里，上海成为近代工业重镇。上海早期工业化的起步是中外商人共同努力的结果。最早的现代企业应该是外商创办的修船厂，其对上海外贸和海洋运输有不言而喻的重要性。此外，机器缫丝业是外商投资最多的部门，但也受到了以棉纺织为传统经济支柱的长江三角洲地区本土力量的抵制。1911 年，上海的近代工业迎来了崛起的机遇，民族资本主义开始迅速发展，1937 年抗日战争全面爆发前，是上海近代工业发展的黄金时期。1920—1930 年，上海的棉纺织业也迅速发展，逐步形成和发展了一支庞大的产业女工队伍。

　　新式丝厂出现于 1878 年前，当时 95% 的工人是女工。1914—1920年的纺织业工厂中，12 岁以上的女工人数为 90861 人。1923 年缫丝厂职工除司账、监工、打杂、出库外，从事其他工种的几乎皆为女工和女童工，占 93.5%；117 家纺织厂中有女工 89543 人，占工人总数（139159人）的 64.3%。1930 年和 1935 年，上海纺织业中的女工人数分别为141518 人、124752 人，分别占该年纺织业职工总数的 72.8%、71.7%。1939 年，上海的缫丝厂工人约为 22000 人，女工占 95% 左右。除了纺织、缫丝行业外，女工也是卷烟厂、火柴厂的主要劳动力。（《上海妇女志》编纂委员会，2000）[311]

　　与前文所述的女性相比，纺织女工群体庞大而受教育机会极少，直至中华人民共和国成立前，上海 90% 以上的纺织女工是文盲。但如果我们不局限于学校教育和文化知识的传播来分析纺织女工的教育，历史似乎呈现出另一种面貌。纺织女工以体力劳动为主，生活也十分艰辛，在这样的境遇中，她们的教育与职业却有异样的光彩。

一、水路江南的纺织工业风景

开埠前的上海尽管地近江、浙蚕丝产区，作为长江入海口和我国沙船业的中心，在历史上却鲜见缎丝织绸的记载，更鲜见丝绸自上海出口的记载。[①] 得助于便捷的水路运输，上海的近代工业迅速发展。"各类工厂象雨后春笋般开设起来，厂址大多在公共租界西北区，沿苏州河的两岸。本省[②] 的水路运输费用最便宜。可以说，哪里有宽阔的通往江河的水道，哪里就会有工厂。"（徐雪筠 等，1985）[208]

上海纺织工业已有 100 多年历史。1861 年，英商在上海开设怡和纺丝局，1881 年华商开设公和永丝厂，1889 年官督商办的上海机器织布局开工，于是，上海最早一批纺织产业工人开始诞生。到中日甲午战争前夕，上海有纺织工人近 2 万人，占当时上海产业工人的 55.5%，占全国纺织工人的 74%。中国战败后，外商纷纷来中国办厂，到 1911 年，上海计有英、德、美、日等国外资纺织厂 15 家，民族资本开办的 7 家，全部纺织工人增至 5 万余人。1914 年第一次世界大战爆发后，上海的印染、色织、针织、毛纺织、毛巾被单、制线织带等行业先后形成，工人队伍迅速壮大，到 1921 年达 9 万人，占当时上海工厂工人总数（18.14 万人）的 49.61%。纺织各行业的规模差别很大，大、中型企业数量不多，却集中了纺织工人的大部分，尤以棉纺织厂的职工为多。当时，日商的上海裕丰

---

① 1840 年以前仅松江府（华亭县）城东南曾在明代设置过织染局，并因此在松江有过被称为"外织造"的民间丝织手工业。入清以后随着松江府织染局的裁撤，松江的民间丝织手工业也随之"今亦未见"了。（张忠民，1990）

② 指当时上海所属的江苏省。

纱厂、大康纱厂、丰田纱厂，英商的上海杨树浦纱厂，民族资本的上海申新一厂、九厂，都有四五千人以至七八千人。染织、针织、丝织等行业的规模则比较小，一些小厂只有几十个人甚至几个人。1936年，随着纺织行业的发展，工人队伍超过30万人。其中，棉纺织业有20万人，丝织业有4万人，针织业有4万人，缫丝业有2.2万人，染织、毛纺织、毛巾被单业有万余人。这个数字成为旧中国的最高点。抗日战争爆发以后，工人人数时减时增，到1949年为23.9万人，占上海工业部门总人数（50.8万人）的47.0%，占全国纺织工人总数（74.5万人）的32.1%。[①]

工人高度集中，有利于工厂作为现代人社会化的渠道发挥作用。英格尔斯发现工厂与人的现代化有着密切的关系，工人尤其是产业工人的现代性主要是由现代化的大企业造就的。现代工厂企业中，整个生产过程与操作过程都经过了严密的设计，体现了一系列的现代化原则，因此，工厂虽然是一个以营利为目的的资本主义生产企业，但它也是一个科层制机构，在组织工人生产的过程中，它可以说是一个教育人们走向现代化的无声的教师，或者说是看不见的教师。（殷陆君，1985）

技术准则、生产流程、产品标准与指标、营利的严格要求、科学精细的分工与周密的计划、协作原则等，都赋予现代工厂一种稳定的性质，使之具有权威，它要求人们必须在紧密配合的基础上，按照规范（具有严密的组织性、纪律性）、科学的程序去操作，一旦不合作就会受到惩罚，甚至受到机器的报复。由此，这必然要求工人在进入工厂前接受严格的技术培训，学习操作规范、工厂各项规章制度与行为准则，以适应工厂的生产活动。这样，当人成为一名合格工人能够运用机器轻而易举生产出各种产品时，就会获得一种传统人从未有过的征服自然的愉悦与主人感（忻平，1996）。

长久在工厂工作形成的那种关于相互配合、组织纪律、周密计划、主

---

① 参见《上海纺织工业志》第八篇第一章第一节，https://www.shtong.gov.cn/difangzhi-front/book/detailNew?oneId=1&bookId=4483&parentNodeId=60977&nodeId=50066&type=-1（引用日期：2023–10–23）。

人翁的意识一旦外化到日常生活中，就会体现出工人的优良品质：与大机器工业紧密联系，作为新的先进生产力代表具有高度的组织纪律性、富有进取心和革命创造精神。这些品格与素质一旦表现在其社会实践与政治活动中，就会促使其产生改造社会的责任感、信心感和效能感，从而促使他们在为与自身利益相一致的远大理想而斗争时，有着其他阶级所匮乏的革命坚决性与彻底性，成为改造社会的巨大力量和推动上海进步的人数最多的社会动力源。

二、纺织女工的日常生活

20世纪二三十年代，丝厂和纱厂隆隆的机器声已响彻上海、武汉等开埠较早的城市。日夜穿梭其间的，多是中国第一批职业女性柔弱而坚韧的身影。上海的产业女工队伍，是在19世纪末随着纺织、卷烟等工业的兴起而逐步形成、发展起来的，也同时伴随着机器大生产对乡村耕织结合的小农经济的破坏。大量破产的农民涌入城市，成为纺织女工的源源不断的来源。纺织女工大多是中国凋敝的农村贫困农民的女儿，她们从不识字，在父母看来她们常常不过是家里多出的吃饭的嘴，将来还会是"泼出去的水"。事实上，这些女孩四五岁时就帮家里干家务，再大一点，开始纺纱织布。据朱邦兴等人所编《上海产业与上海职工》一书描述，上海缫丝业60%以上的工人为苏北农村乡亲相互介绍而来。囿于浓郁的小农意识本身与小生产的本能，转型期的工人忍受了低下的社会地位及生活待遇。事实上，她们如果不到上海去从事高强度的工作，就可能在乡村与父母一起饿死。

在纺织行业中，女性以其独有的灵巧细致和吃苦耐劳占据了工人的绝对主流。以上海为中心，周边的无锡等市镇和乡村的大量青年女性劳动力弃农从工，流入纺织业工厂。根据上海基督教女青年会对无锡丝厂女工的调查，女工中有50%来自太湖周围的农村，30%来自苏北，而这些丝厂女工中的熟练工大部分又将流向上海（宋钻友，张秀莉，张生，2011）[38]。"进厂"成为数百万家境困窘、未受过教育的城乡女性获得技术和收入，进而在家庭和社会中逐步赢得话语权的重要途径。

1921 年圣约翰大学学生在曹家渡做调查，发现仅靠男工赚钱的家庭，在曹家渡甚为罕见，女子儿童外出做工者甚多，以补不足。1932 年上海共有产业工人 222681 人，此时上海的女工与童工约占工人总数的 60%。（忻平，1996）[324-325]

抗日战争爆发以后，上海一个四口之家的全年最低生活费需 250 元，两口之家需 180 元，一个纺织女工全年收入一般有 160 元左右，低的不到 100 元（《上海妇女志》编纂委员会，2000）[327]，这在家庭收入中是相当可观的一部分。

产业女工的出现及收入，使传统的两性关系发生了巨大变化，自下而上改变了人们的性别观念。工业化使上海杨树浦附近的四个村庄的乡民们对女性的态度发生了根本转变。他们认为在工厂做工的女儿比闲在家里的儿子贡献更大，人们更愿意抚养女儿以取得她进入工厂做工的经济回报，并愿意给女儿更好的待遇。工作机会也解放了女工的身体，为了适应工作的需要，她们不再缠足。有了技术和收入的女儿开始公然反抗父权和夫权，她们抗拒过早结婚，倾向于自己选择配偶。为了使女儿能够更长时间地工作以获取更多的报酬，她们的家庭大多选择默认了女儿的决定，甚至不允许女儿过早结婚以致分散家庭的收入。

在身体和经济上解放了的纺织女工，身着整洁时髦的衣装来往于城市工厂与她们城乡接合部的家中，无形中也成为消除城乡隔阂的一种力量。当然，她们也遭到了社会的非议和男性的抵制，这使她们的处境愈发艰难。更何况，对绝大多数女性而言，有了工资收入不意味着从家庭中独立，她们还是会将大部分收入交给父母或丈夫，与全家分享劳动收获。

根据上海社会局对 1928 年上海纺织工业工厂工人数及工人平均每月实际收入的统计，纺织业女工与男工存在严重的同工不同酬现象。女工主要集中于劳动密集、技术要求比较低的工种，如缫丝业的打盆、缫丝等工作，工作辛苦但收入很低。事实上，在任何一个雇用女工的行业中，女工的实际收入都只是男工的 60% 甚至更低。（宋钻友，张秀莉，张生，2011）[142] 包身工全是女性，她们进厂后，要在拆包间、弹花间、钢丝间做男工做的重体力活，每天工作 12 个小时，工资不到男工的三分之一。还有一个不容忽视的事实是，在 1928 年的上海纺织业，存在超过 1 万名童工，他们中许多是 16 岁以下的女孩，在劳动强度极大而保障极差的工厂中以健康甚至生命为代价谋生。

上海工人在不同的企业中工作，待遇有差异，但在工作条件、劳动强度以及工资收入上，境遇都不是那么乐观。据 1929 年上海社会局对 21 个行业 285700 名工人的调查，大部分行业工人每天的工作时长在 11 个小时以上，甚至多达 16 个小时。在人数最多（占总数 67%）的棉纺、缫丝和棉织业中，工人的平均工作时间为 11—12 个小时。（忻平 等，2012）[96] 尤其在日商纱厂中，工人的劳动强度极大。

陆女士生于 1933 年，是青浦金泽村人。1948 年上海华丰第一棉纺厂到她的家乡招工，时年 15 岁的陆女士成了一名纺织童工。当年她只有 70 斤，非常瘦小，还是靠邻居的担保才进了工厂。同去的还有几名同乡，都是女童工，年龄比她大一点。陆女士小时家中困苦，未受过文化教育，但勤劳刻苦。"我邻居了解我的为人，说别看我人小，人很节约的，什么都愿意做的，工作认真刻苦。"童工生涯伴随战乱，陆女士的生活十分艰苦，劳动强度很大。"那个时候因为年纪也小，就去织布车间和筒子车间、放布的房间帮忙，什么工作都叫我们做。一天要做 12 个小时，早上 6 点上班做到晚上 6 点钟，机器一直不停的。我有些小姐妹后面都回去青浦了，又苦又赚不了多少钱，我们这种工资很低的。我亲戚那时候 1 角钱一天，做了一年多才涨了点。"①

1923 年出生的魏女士是江苏金坛人，养父母从家乡到上海务工一段

---

① 来自 2016 年 12 月 20 日和 2017 年 1 月 19 日研究者在上海市杨浦区陆女士家中对陆女士的访谈。

时间之后，把 13 岁的她也带到了上海，进了日资开设的日华纺织厂。年幼的魏女士在日华的职业生涯相当艰苦。"以前厂里就是一天工作 12 小时，两班制，夜班和早班。那时候小孩子也很可怜的，有时候夜班要做到十二三个小时。……要睡觉也不行，一定要做的，不可以睡觉的，一分钟也不能睡觉的。"①

日资纱厂里的管理者对女工非常苛刻。魏女士回忆，"那时候厂里都有那摩温②，要是我们做得不好，就要被打的。那摩温大部分都是中国人，日本人也有，但我们厂里都是中国人。其他厂里有日本人，日本人也很坏的，要打人的。那时候我们做工，一般是 12 个小时，如果前一天休息过了，头一个夜班就要做 16 个小时，两边各多做 2 个小时，就是赤裸裸地剥削我们老百姓。然后我们做好休息了，就又要做 16 个小时，又要多做几个小时。"那摩温对工人的态度也有区别。"有的那摩温好点，这就和人有好坏是一样的。有的那摩温态度蛮好的，你做得有问题，就和你说。有的就不管，直接一个耳光，很凶的。"做事比较慢的工人会受到责打，魏女士技术娴熟，可以一个人管两部纺车，那些只能管一部纺车的工人就会挨打。

女工们在工厂工作的时间很长，用餐大多是应付。陆女士记得当时华丰第一棉纺厂是有食堂的，一天三顿包吃的。魏女士的三餐却几乎没有好好吃过。"吃饭真的是可怜。手脚快动作快的人，就每天带饭过去，吃的时候机器都是不关的。12 个小时工作都不给饭的，都要自己带饭。都要自己手脚快点，边做工作边吃几口。吃几口去看一眼，再吃几口再去看看，一顿饭要吃好几次。机器不停的，人也不能停的。一停了，纱就要断掉了，灰也要进去了，纱也要分开来了。以前吃的也很可怜的，像什么黄豆芽烧咸菜、粉芽豆③咸菜，吃来吃去就是这点东西。你本事大手脚快的，那饭肯定来得及吃的，要是手脚慢工作做不好的，那只能不吃饭。像有几

① 来自 2016 年 12 月 14 日研究者在上海市普陀区魏女士家中对魏女士的访谈。
② 英文 number one 的谐音，即"第一号"，代指旧中国工厂里的工头。
③ 上海方言，即蚕豆。

个乡下人，不灵巧，工作做不好，就一直没饭吃。一天不吃饭，带回去再吃。工作做不完，没办法吃的，那摩温还要骂你打你。"[1] 长此以往的生活，对当时发育未足的女童工的健康有极大的危害。魏女士所在的工厂每年只有过年可以放 3 天假，平时周末都不能休息。

施先生回忆他的大姐的纺织工人生涯，充满了艰辛。

> 1946 年我大姐 16 岁的时候就做工了，那时候做工是六进六出，做 12 个小时的。那时候她在吴淞永安纱厂。那时候不光是工作 12 个小时，上下班交接还要半个小时。那时候交通也不方便，都要靠走路。我们住在蕴藻浜，所以每天上下班也要走将近 1 个小时，加起来都要十四五个小时了。我妈妈想种地，但种地没什么收入。那时候生活很穷，家里的生活担子大姐要挑一部分。她早饭吃好出去，晚上回来吃饭。因为早上 6 点就要出去工作，我母亲 4 点就要起来做早饭。然后大姐 4 点多吃好，5 点出门，6 点去和别人交接班。那时候工厂要求还蛮高的，要你相貌整齐，服装也要自己准备，那时候流行士林布（一种蓝色的细棉布）的旗袍，就要求穿这个。如果你有钱的话就可以做两件用来替换。我们就一件，做不起两件，就下班后快点洗好晾好，因为明天还要穿。旧社会的女同志真的很苦的。大姐到了工作的地方还要辛苦，以前都要走来走去的，看到哪里的机器停下来了就说明线断掉了，就要赶快去接，所以一天 12 个小时就是一直在不停地跑。所以她们现在耳朵都不太好，就是以前这个机器的声音太响，人又在一直地跑造成的。那时候棉花还会吸到鼻子里，很难受的。[2]

---

[1] 艾米莉·洪尼格在《姐妹们与陌生人：上海棉纱厂女工（1919—1949）》一书中谈到，华商的申新厂等工人待遇极差，尤其是不尊重苏北籍女工。女工们反而比较倾向到日资纱厂，可以有停机器吃饭的时间，日本人态度也比较客气。洪尼格的研究与我们访谈得到的信息的差异，说明了女工日常生活的多样性。

[2] 来自 2018 年 1 月 19 日研究者在上海市徐汇区施先生家中对施先生的访谈。

据 1946 年 10 月上海社会局对上海数十家企业福利设施的调查，17 家企业设有职工补习学校，24 家企业设有医院或诊疗室，个别企业还有托儿所（宋钻友，张秀莉，张生，2011）[99]。凡此学校、卫生室、托幼机构的开设，初衷虽大多是缓和劳资矛盾，但客观上也解决了工人子女教育的后顾之忧，提升了工人的文化素质，减轻了女工的家庭负担。规模较大的纺织厂会提供工人宿舍。

陆女士是独自跟着同乡到上海做工的，就住在工厂里。魏女士一家都住在工厂提供的工房里，父亲到处做零工，母亲操持家务。魏女士的工资全部交给母亲管理，需要零用钱的时候再问母亲要。繁重的工作之余，她也会和小姐妹一起兜兜马路、吃吃零食、看看戏。"以前旧社会的时候，马路上面热闹得不得了，什么都有。以前就是随便我们怎么玩，只要不要弄（坏）别人的东西，因为别人也要吃饭的。以前就玩什么沪剧、戏曲啊，什么都有。反正马路上面什么都有。要么就是买点零零碎碎的吃的。三四个人在一起，买点东西吃吃。"魏女士的父母虽是养父母，却对她非常慈爱，像对亲生女儿一样。她到工厂上班的时候，衣服穿得干干净净，不会像包身工一样受人歧视欺侮。"那个时候厂里的童工，如果是亲生的，都弄得干干净净的，如果是过给别人的一般都会被打，然后身体都是脏脏的，不讨人喜欢的。像包身工那种也很可怜的。包了 3 年、4 年，也得不到多少钱，都被老板剥削掉的。"①

与现代女性一样，近代上海纺织女工同样会陷入"如何平衡家庭与工作"的生活漩涡之中。1944 年，21 岁的魏女士回乡结婚了，她在家乡金坛生活了几年，大女儿两三岁的时候又回到上海工作。她养育了 6 个孩子。幸运的是，婆婆能够帮她照看子女，让她能比较安心地工作。虽然上海社会局和卫生局在 1930 年颁布了保护女工生产的规章（《上海妇女志》编纂委员会，2000）[482]，但许多女工怀孕、临产，怕被厂方开除，不得不束紧肚子，流产者甚多。有的女工因生下的孩子无法定时喂奶和无力喂

---

① 来自 2016 年 12 月 14 日研究者在上海市普陀区魏女士家中对魏女士的访谈。

养，只得送育婴堂。(《上海妇女志》编纂委员会，2000)[324] 更多的情况是，她们的孩子由于恶劣的环境而夭折了。

然而，独立的收入不代表独立的性别意识。纺织女工作为女性解放的先驱力量，不是一夜之间成长的，而是在复杂变化的历史中蜕变而成的。她们是工人阶级的一分子，却并不天然地是有觉悟的职业女性。地域和小群体在女工间造成的分歧、教育程度的限制，使她们几乎不可能在没有外界指引的情况下，像其他职业女性那样形成自己的社会性别意识。也因为这样，纺织女工教育的意义显得格外重大。

三、纺织女工教育的可能性和特殊性

近代上海的纺织女工面临的性别与社会压力，以及由此引起的抗争和探索，是近代教育史上一系列重要的话题。由于中国传统家庭更加重视男性的教育和技能训练，纺织女工进入职业生涯的年龄普遍低于男性，一般在 15—20 岁就可成为熟练工人。正因为没有受过基础的文化知识和职业技能训练，女工在纺织业虽然人数占绝对优势，但大多只能在技术含量低的工种劳作，短暂的几年职业生涯之后就要结婚生子，获得教育和培训的机会愈加渺茫。

相当一部分女工渴求知识和教育，希冀通过教育找到困苦生活的出路。20 世纪二三十年代，有学者带领学生对杨树浦一代的工人做了调查，女工对参与调查的学生表露："你受过教育，是幸运的……，我们简直像个盲人。"还有的女工说："我能读几年书多好，可惜现在太晚了，而且又没有钱。"(高晓玲，2008)

针对这一情况，当时的政府、教会和包括工会在内的各种社会团体为女工的教育和其他福利保障做出了值得重视的努力。1929 年南京国民政府工商部颁布了《工人教育计划纲要》，以中国成年男女劳工及未成年男女学徒、童工为教育对象，设计了基本教育、包括英文和机械在内的补习教育以及包括工会组织法在内的劳工教育三种类型的教育内容，针对不同文化层次的工人实施，并规定了教育经费由政府有关部门和工人所在的工厂、公司、商店承担。但《工人教育计划纲要》在颁布之后很长一段时间内并没有实质推行，直至1935年6月，上海市政府才推广劳工识字教育，以各种奖惩措施发动数以百计的各地上海同乡会组织参与，开办识字学校500余所，入学工人有40000余人。（宋钻友，张秀莉，张生，2011）[90-92]抗日战争全面爆发后，劳工教育计划停滞。

同期，各同业公会和工会也开办了工人子弟学校、识字学校、补习学校等。1925年江浙丝茧总工会设立丝业小学，1927年上海染业组织开办的私立染业小学校呈请注册，1928年中华第一针织厂开设义务子弟学校并将历届毕业生大多送入初级中学（宋钻友，张秀莉，张生，2011）[93]。

沪东公社对近代上海的女性教育有着意义深远的贡献。1911年，来自堪萨斯州的美国浸礼会教士魏馥兰（Francis John White）就任浸会大学校长。1914年，该校成立了社会学系，魏馥兰邀请了一位毕业自布朗大学的年轻教士葛学溥（Daniel H. Kulp，Ⅱ）主讲社会学系的课程。当年，学校更名为沪江大学，魏馥兰广延一批训练有素的教员，特别积极聘请了大量华人教员，并改社会学系为社会科学系，增加了系内的课程。葛学溥在指导学生于杨树浦一带的产业工人聚集区开展社会调查的过程中，为工人窘迫的生活和当时尖锐的社会矛盾所深深触动，发起成立了"沪江社会服务团"，开展面向贫民的社会服务工作。1917年，葛学溥将社会服务范围进一步扩大，在校外设立了一个社区服务中心，英文名为"The Yangtzepoo Social Center"，中文名为"沪东公社"。1923年葛学溥回国后，钱振亚、仇子同历任公社主任，公社延续至1951年。

沪东公社创办的本意是传播基督教社会福音思想。教育事业、社会事业、宗教事业是沪东公社的三大服务内容。随着社会环境和服务对象的变化，公社的宗教色彩越来越淡，教育和社会服务成为其主要功能。

沪东公社的教育服务从为周围工厂的工人开设补习班开始。工人补习班最初在祥泰木行开设，后扩大到慎昌机器厂、电力公司、怡和纱厂等各工厂。随着办学经验的积累和经费来源的扩大，公社陆续开办小学日校招收附近工厂工人的子弟，开设夜校辅导在职的工人，其办学形式根据对象的不同而纷繁多样，在学学生的规模也不断扩大。1934年9月，有日校学生384人，夜校学生449人，妇女班学生96人。沪东公社为工人提供了灵活的就学方式，以适应工人的实际情况。沪东公社创办了晨校和夜校，使工人能兼顾工作和学习。除教育以外，沪东公社还开设民众图书馆、民众代笔处、施诊所、劳工运动场、慈幼园、职业指导所等形式多样的社会服务，为工人提供了科普、医疗、娱乐、运动、托幼等各类资源。

　　为救济失学女工，沪东公社与上海基督教女青年会合办平民女校，并根据纺织厂女工两班倒的职业特点分设两班，使更多的女工得到学习机会。平民女校设初级班、高级班、特级班，修业期限初级班为半年、高级班为一年、特级班不限。初级班科目为国语、算术，高级班科目为尺牍、历史、地理、作文，特级班科目为经济学、算术、尺牍、作文。（宋钻友，张秀莉，张生，2011）272 "妇女补习学校分四级，全不识字的入第一级。每级读完妇女千字课一册，以为基本学科，旁涉常识，三四级则加习应用文，如写字记账等。每级亦以一学期为限，每日授课亦分晨夜二部，惟夜校缩短一小时，因所习科目较少，而家庭中复需人照料。"（王显恩，1933）625 除文化课之外，平民女校还组织演讲、讨论、妇女节制会等，吸引了很多女工参与。

　　平民女校并不开设职业技术类课程。沪东公社另与中国纺织学会合办纺织补习学校，以纺织厂职员和初级技术人员为对象培养纺织技术人才。学校规定，16—25岁有小学毕业或同等学力水平的工人可以报名，每科每学期学费4元，讲义费1元（王显恩，1933）625。

　　沪东公社的教育活动虽有一定成效，但存在缺乏系统的经费筹集和工作计划、缺乏专业力量等缺陷。对纺织女工来说，沪东公社的众多教育活动与她们还有很遥远的距离。八一三事变之后，上海社会发生急剧变化，沪东公社的活动也随之变为以难民救济为重点，这些活动仍以教育为主要内容，并将业余教育和培训的对象从工人转向商店学徒，开展识字教育、汽车维修培训等。

无独有偶，1930 年上海基督教青年会在沪西地区开设了沪西公社。沪西公社与沪东公社相比，政府和工商界的参与度更高，服务内容与沪东公社大体类似，但慈善救助性质和宗教意味更强烈。

沪东公社的社会服务对中国近代教育尤其是女性教育的独特意义有以下几个方面。

其一，沪东公社由沪江大学发起，在其诞生之初就带有更加浓厚的教育色彩。高校丰富的教育资源和强烈的教育使命感，使教育服务成为沪东公社最重要的服务内容。同时，沪东公社教育服务的实践为沪江大学社会科学系乃至中国社会学提供了鲜活的研究内容，沪江大学的师生在参与服务的过程中留下的数据和报告，是中国近代城市工业史和市民生活史的宝贵资料。

其二，沪东公社源于大学生社会调查，其发展是大学社会服务功能的外显。沪东公社被学人公认为社会工作思想在中国的发端。这种服务社会的倡导，使沪江大学走出了象牙塔，也在学生中培养了服务社会的精神。更重要的是，沪东公社的社会服务与上海城市生活的亲密接触，助推了沪江大学真正融入中国社会和中国教育，为 1928 年刘湛恩校长正式开始沪江大学的中国化进程做了铺垫。

其三，魏馥兰极力倡导高校男女同校，其女性平权教育的实践直接促进了沪东公社对女性的社会服务。在魏馥兰的呼吁和努力下，1920 年秋，沪江大学正式招收 4 位女生，沪江大学在制度意义和现实意义上成为中国第一所实行男女同校的教会大学。女性受教育权在沪江大学的实现，使沪东公社的教育服务更加关注在社会生活中处于弱势的女性和女工，其福利、医疗等服务也时时照拂女性的需要而开展。

对不识字的女工来说，她们的迫切需要不是推翻资本家的剥削，不是改变不合理的社会，而是获得更高的收入，远离男性的骚扰和侵犯，维持乃至改善自己的生活。

在 20 世纪 20 年代，上海基督教女青年会（以下简称女青年会）深入女工日常生活，客观上有助于妇女解放的事业。

1928 年，女青年会开始在上海所有主要工厂区建立女工学校。周师傅读过的夜校有可能就是沪东公社和女青年会这样的组织举办的。

> 解放前读的夜校不知道是什么人办的，但不是地下党办的夜校，在愚园路一栋小洋房里，现在的长宁区政府那里。我六点钟下班之后吃好晚饭去读，不需要付学费，老师教认字和数学两样。做生活很辛苦，一直要跑来跑去，总归还算读了点书。[①]

大多数夜校的教学内容集中于基础的文化知识，让从未接受学校教育的女工有了基本的常识，使她们能够接触和理解这个变化着的时代。

职业技术教育是每个纺织女工谋生的必备。1929 年，家庭工业社代表向工商部驻沪办事处提案，在各工厂设立专门讲习所培训职业技术工人。这一提议得到工商部的认可并被转发各厂实施。该代表认为，旧式手工业的师徒制传授方式是无法适应新工业的要求的，新工业需要一批手艺娴熟且在学理上有造诣的技术工人；通过正规的学校教育培养这样的技术工人不现实，建议所有的工厂聘请富有经验的技工作为教师，在厂内开设夜校，分科一对一教学并授予合格者单科职业技能证书，使青年职工有一技之长而不至于在娱乐场所染上不良嗜好。该提案对于讲习所的教师报酬、场地、设备，也做了非常可行的设想。

实际上，大多数纺织业工厂都没有系统的职业技术培训，大多采取的是传统的学徒制方式，老工人教新工人，达到一定的熟练程度即可。周师傅回忆她成为一名熟练工的经历就是如此。

> 我进厂先是拣花衣（棉花）。我蛮老实的，又只有一个娘，拣花

---

① 来自 2017 年 9 月 16 日、2017 年 11 月 5 日、2018 年 3 月 22 日研究者在周师傅家附近对周师傅的访谈。

衣拣了一年多，严玲秀（介绍周师傅入厂的人）说一直拣花衣不是办法，工佃也小，她跟那摩温说，不要叫人家拣花了，就让我学挡车，学纺纱了。这个厂是中国老板开的，也不大，只有6部车，一个人管半部。学出来就挡车了，工钱稍微大一点。挡车动作就是要快，慢就断了。开始我动作很慢，后来慢慢就快起来了，到1945年就开始真正做挡车工了。[①]

养成工是一种表面上的职业培训制度。养成工性质与包身工相类似，且大多兼有包身工身份，年龄多在14—18岁，进厂时要订契约（志愿书）、找保人（往往由工头充当）。养成工的养成期一般为3年。最初3—6个月为训练期，其间没有工资，只供食宿。训练期满之后发给工资，但低于一般普通工人。1932年，申新九厂纺纱部的工人日平均工资为0.53元，养成工仅为0.38元。此外，还有一种不订契约的养成工，养成期限不定，其间没有工资，食宿自理，还必须预交至少一个月的"原料损失费"1—2元，每隔一两个月，厂方派工头考试一次，及格者升为正式工人，事实上不向工头送礼很难通过。订契约的养成工严禁与外界接触，甚至不能同老工人来往。一些日商纱厂将养成工集中在一个车间，由日本女工头监督劳动，放工后不许回家，集中住在工房。不少养成工在上海做了三年工竟未出厂门一步。（《上海妇女志》编纂委员会，2000）[321]

1947年在中纺第三棉纺织厂做挡车工的裔式娟就是一名养成工，她通过了简单的考试，经过了三个月的培训就上机劳作了。在她的记忆中，印象最深刻的还是工头的打骂和搜身的屈辱，所谓养成工的技术培训并未为她带来任何职业的愉悦。（程郁，朱易安，2013）[112-113]

纺织女工的教育，以基础文化知识为主，实施的团体也比较复杂。在近代上海，对纺织女工的职业教育可以说无从谈起。然而就是这样贫乏的

教育，最终仍唤起了纺织女工的阶级觉醒，促使她们激烈和坚定地追求自由和解放。

纺织女工是近代最为壮观的职业女性群体。她们所从事的是最古老的职业，也是最新潮的职业。她们是脱胎于乡村手工业者的劳动女性，她们走进城市和工厂的进程，就是一部微缩的近代中国纺织工业史。

虽然纺织女工的受教育机会很少，在入职之前，她们几乎没有任何文化知识的储备，这在 20 世纪 40 年代之前尤为明显，然而，她们仍对自己的社会角色和社会地位做出了坚决的抗争。由此可见，女性的解放程度并不总是与受教育程度正相关，在纺织女工的故事里，职业状况和女性群体的结构是撬动女性自我意识觉醒的支点。几乎可以说，纺织女工的教育和职业叙事，与清末民初最激进的女性教育思潮遥相呼应，它激荡了底层的劳动者，在时代的推动下有力地促成了近代上海女性的自我实现。

结　语

　　女性在历史中向来是沉默的，普通女性更是如此，或者说，她们的声音向来无法被放大为主流的话语，常常在被倾听之前就消失在周围宏大的嘈杂中。

　　幸运的是，教育研究和历史研究的深入，终究使这沉默的大多数受到了应得的关注。她们渺小而真实的故事，就像历史拼图中的碎片，看上去面目模糊而相似，其实每一片都有自己不可取代的位置。

　　近代上海普通女性教育与职业生涯的图景，是上海城市大历史和女性大历史的组成部分。它相伴城市和时代变迁而生，又推动和改变着历史的轨迹。这样的故事，必然发生在近代上海这样一个特殊的城市，也只能发生在这里。上海得天独厚的地理位置、与众不同的发展道路、丰富多样的人群聚落，为普通女性走进向来由男性所独占的学校和职场提供了无限的可能。

　　在近代上海女性教育与职业演变中，女性的社会性别和社会角色发生了彻底的转变。

　　近代女性的教育，起源于国家和民族的忧患以及男性先驱者的焦虑。女性在近代公共领域，是作为教化国民和强国的工具而存在的。虽然主导女性教育的男性话语，从来没有将女性的自我发展作为教育的目的，但客观上，女性在教育中仍旧获得了社会的认同和自我的重塑。把教育和职业还给女性的过程漫长曲折。女性的自我意识在教育中觉醒，并影响着女性教育的实践，女性教育进而背离了设计者的初衷而演化出新的教育模式。女性逐渐找回了自己在教育中的位置，她们越来越深入地参与到教育过程中，对男性社会提出了疑问和反抗。

当我们将女性的教育与职业作为一个整体来看待时，女性的生命历程就表现出多重意蕴。

接受了近代教育的女性，并不一定会成为近代职业女性。她们的教育历程与职业之间的联系并不像一条直线般顺畅。不同行业中女性教育与职业的关系迥异。教育与医疗是社会留给女性相对宽容的职业空间。作为教师与医护人员的女性，担负了启蒙与保种的重任，为此进行的女性教育有比较完备的专业性，教育与职业之间的联系十分直接而紧密。而在此之外的职业女性，她们的职业选择更多出于顺应外部潮流和谋生的需要，教育与职业之间的关系并不是一一对应的。近代职业女性伴随城市职业生态近代化的过程出现，为近代上海提供了生动的职业样本。纺织女工的情况更为特别，她们跳过了学校教育，一脚踏入机器大生产进程，在职业中寻求教育的机会，在有限的教育中实现了最终的解放。

只有抓住变动的现实，才能理解现实的合理性。教育对女性职业和女性自我发展的作用是多样化的。教育年限、教育机会、教育层次与女性职业之间并不像一般想象的那样，存在显而易见的相关。在近代上海这样一个新旧事物并存并急速变迁的都市里，女性对自我的困惑表现得尤为集中。女性本身对自我的认同和认知也在不断蜕变，并不遵循线性的发展轨迹。女性自我意识在教育和职业场景中的唤醒是一个充满矛盾的过程，但最终女性在社会转型中实现了自我救赎，逐步接近了对教育的自主权、对性别角色的主动权、对职业生涯的选择权。

本书的女性教育故事停留在了1949年。站在历史的门槛外，我们凝视她们的背影：优雅的、从容的、彷徨的、踉跄的、犹疑的、茫然的……。她们以千百种姿态走进了20世纪下半叶，那就是一个新的故事了。

参考文献

白吉尔，2005.上海史：走向现代之路 [M].王菊，赵念国，译.上海：上海社会科学院出版社.

白云，1915.女子职业谈 [J].妇女杂志（1）：6-8.

布尔迪厄，2002.男性统治 [M].深圳：海天出版社.

柴彬，姬庆红，2010.世界历史进程中的社会变迁：第8届全国青年世界史工作者代表研讨会综述 [J].世界历史（1）：53-58.

陈楚屏，1944.对于助产毕业后的我见 [J].助星医药刊（3）：70-71.

陈纯一，1947.我的助产士生活 [J].西风（100）：357-358.

陈丹燕，2001.上海的风花雪月 [M].北京：作家出版社.

陈东原，1937.中国妇女生活史 [M].北京：商务印书馆.

陈蕙瑛，1948.小学女教师座谈会 [J].现代妇女，1948，11（4）：15-18.

陈任箎，1931.女教师的话：灵魂的归宿 [J].妇女杂志，17（4）：49-51.

陈问涛，1921.提倡独立性的女子职业 [J].妇女杂志，7（8）：7-11.

陈旭光，2004.当代中国影视文化研究 [M].北京：北京大学出版社.

陈学昭，1932.现代妇女 [J].上海：女子书店.

程乃珊，2006.闺秀行 [M].上海：上海辞书出版社.

程乃珊，2008.金融家 [M].上海：东方出版中心.

程为坤，2015.劳作的女人：20世纪初北京的城市空间和底层女性的日常生活 [M].杨可，译.北京：生活·读书·新知三联书店.

程郁，朱易安，2013. 上海职业妇女口述史：1949 年以前就业的群体 [M]. 广西：
　广西师范大学出版社.

初我，1905. 女学生亦能军操欤 [J]. 女子世界（13）：1-2.

戴鞍钢，2004. 内河航运与上海城市发展 [J]. 史林（4）：94-98.

黛儿，1947. 一个女教师的自供 [J]. 针报（80）：8.

邓小南，王政，游鉴明，2011. 中国妇女史读本 [M]. 北京：北京大学出版社.

丁钢，2008a. 声音与经验：教育叙事探究 [M]. 北京：教育科学出版社.

丁钢，2008b. 教育叙事的理论探究 [J]. 高等教育研究（1）：32-37.

董松，2011. 屡被世俗误的潘玉良 [M]// 王璜生. 大学与美术馆：美术馆的公共性
　与知识性. 上海：同济大学出版社：175-182.

董竹君，2013. 我的一个世纪 [M]. 增订版. 北京：生活·读书·新知三联书店.

杜成宪，丁钢，2004. 20 世纪中国教育的现代化研究 [M]. 上海：上海教育出版社.

杜芳琴，1996. 妇女史研究：女性意识的“缺席”与“在场”[J]. 妇女研究论丛
　（4）：4-8.

杜芳琴，1998. 中国妇女史学科建设的理论思考 [M]// 杜芳琴. 中国社会性别的历
　史文化寻踪. 天津：天津社会科学院出版社：1-26.

凡子，2012. 潘玉良：一枝荷莲递与她 [EB/OL].（2012-07-16）［2023-12-29］.
　http://art.china.cn/tslz/2012-07/16/content 5163966.htm.

冯秋萍，1949. 绒线童装：特刊 [M]. 上海：艺文书局.

高平叔，1987. 蔡元培教育论集 [M]. 长沙：湖南教育出版社.

高世瑜，2004. 发展与困惑：新时期中国大陆的妇女史研究 [J]. 史学理论研究
　（3）：97-107.

高晓玲，2008. 近代上海产业女工研究：1861—1945[D]. 上海：上海师范大学.

高彦颐，2005. 闺塾师：明末清初江南的才女文化 [M]. 李志生，译. 南京：江苏人
　民出版社.

郭于华，2012. 社会记忆与历史权利 [N]. 南方都市报，2012-12-16（A29）.

寒君，1942. 现阶段里女子职业的三重心理 [J]. 吾友，2（8）：176.

何莎，2013. 民国时期女子职业教育研究：1912—1949[D]. 长沙：湖南大学.

何紫，1939.座谈会：主妇座谈会记录 [J].妇女生活，7（3）：23-24.

荷令华斯，1925.妇女的职业倾向 [J].华因，译.妇女杂志，10（8）：1297-1305.

贺萧，王政，2008.中国历史：社会性别分析的一个有用的范畴 [J].社会科学（12）：141-154.

洪尼格，2011.姐妹们与陌生人：上海棉纱厂女工：1919—1949[M].韩慈，译.南京：江苏人民出版社.

胡平，2006.遮蔽的美丽：中国女红文化 [M].南京：南京大学出版社.

纪平，1947.女教师（上）[J].妇女月刊，6（4）：13-25.

建英，1934.中国女性美体赞：求于上海的市街上 [J].妇人画报（17）：11，13，15.

江文君，2011.近代上海职员生活史 [M].上海：上海辞书出版社.

姜丽静，2012.历史的背影：一代女知识分子的教育记忆 [M].北京：教育科学出版社.

姜平，1938.改进上海女子教育的几点意见 [J].上海妇女，1（9）：2-4.

蒋美华，蒋英华，2001.五四时期女性教育角色的变迁 [J].郑州大学学报（哲学社会科学版）（2）：116-120.

郡兴，1933.上海的女子职业 [J].上海周报（13）：252-254.

康果，1941.邮政局女职员 [J].妇女界，3（8）：6-8.

可儿，1930a.男女同学的我（未完）[J].万有周刊（27）：215.

可儿，1930b.男女同学的我（未完）[J].万有周刊（28）：223.

可儿，1930c.男女同学的我（续）[J].万有周刊（29）：231.

可儿，1930d.男女同学的我（续）[J].万有周刊（30）：239.

可人，1939.约翰自有了女生 [J].学与生（1）：40.

克罗齐，1982.历史学的理论和实际 [M].傅任敢，译.北京：商务印书馆.

雷金庆，2012.男性特质论：中国的社会与性别 [M].刘婷，译.南京：江苏人民出版社.

雷良波，陈阳凤，熊贤军，1993.中国女子教育史 [M].武汉：武汉出版社.

李红岩，2023.阐释·诠释·解释·说明 [J].浙江学刊（6）：17-25.

李金铮，2015. 众生相：民国日常生活史研究 [J]. 安徽史学（3）：36-48.

李欧梵，2001. 上海摩登：一种新都市文化在中国：1930—1945[M]. 毛尖，译. 北京：北京大学出版社.

李锡珍，1933. 啼饥号寒之生活 [J]. 中华教育界，20（8）：13-28.

李显杰，2000. 电影叙事学：理论和实例 [M]. 北京：中国电影出版社.

李小江，2003. 让女人自己说话：文化寻踪 [M]. 北京：生活·读书·新知三联书店.

李晓红，2008. 女性的声音：民国时期上海知识女性与大众传媒 [M]. 上海：学林出版社.

李又宁，张玉法，1981. 中国妇女史论文集 [M]. 台北：台湾商务印书馆.

李又宁，张玉法，1995a. 近代中国女权运动史料：1842—1911：上册 [M]. 台北：文龙出版社.

李又宁，张玉法，1995b. 近代中国女权运动史料：1842—1911：下册 [M]. 台北：文龙出版社.

李长莉，2008. 中国人的生活方式：从传统到近代 [M]. 成都：四川人民出版社.

李长莉，2017. 中国近代城市生活史研究热点与缺陷 [J]. 武汉大学学报（人文科学版），70（1）：24-30.

列维，1990. 现代化的后来者与幸存者 [M]. 北京：知识出版社.

林凤山，1945. 我的控诉 [J]. 教师生活（2）：10.

令玉，1943. 精神的慰藉 [J]. 紫罗兰（2）：104-109.

刘新成，2004. 日常生活史与西欧中世纪日常生活 [J]. 史学理论研究（1）：35-47.

刘新成，2006. 日常生活史：一个新的研究领域 [J]. 光明日报，2006-02-14（12）.

芦仙，1918. 女剃头店 [N]. 时报，1918-04-02（7）.

鲁果，等，1947. 一群女教师的呼声 [J]. 现代妇女，9（6）：18-19.

罗苏文，1996. 女性与近代中国社会 [M]. 上海：上海人民出版社.

罗苏文，宋钻友，1999. 上海通史：第9卷：民国社会 [M]. 上海：上海人民出版社，1999.

罗志如，1932. 统计表中之上海 [M]. 南京：国立中央研究院社会科学研究所.

马海平，2009.开放女禁：上海美专为中国艺术高等教育所做的贡献 [J].淮北煤炭
　　师范学院学报（哲学社会科学版），30（6）：83-85.

马尚龙，2007.上海女人 [M].上海：文汇出版社.

毛姆，1987.巨匠与杰作 [M].孔海立，等译.上海：华东师范大学出版社.

毛毅静，2011.编结中的教育生活：追寻冯秋萍们的时光 [M]// 丁钢.中国教育：
　　研究与评论：第 14 辑.北京：教育科学出版社：1-50.

毛毅静，2012.影像记忆与教育变迁：1910—2010 年代的中国教育生活 [D].上
　　海：华东师范大学.

梅鼎祚，1996.青泥莲花记 [M].合肥：黄山书社.

缪凤华，1935.编物大全 [M].上海：商务印书馆.

鸥守机，2003.上海闺秀：一个八旬老人的人生自传 [M].上海：上海文艺出版社.

帕克，伯吉斯，麦肯齐，1987.城市社会学：芝加哥学派城市研究文集 [M].宋俊
　　岭，吴建华，王登斌，译.北京：华夏出版社.

潘懋元，刘海峰，1993.中国近代教育史资料汇编：高等教育 [M].上海：上海教
　　育出版社.

钱芳，2010.明清女画家现象考 [M]// 吉林省博物院.耕耘录：吉林省博物馆学术
　　文集（2003—2010）.长春：吉林人民出版社：225-230.

茜，1942.我的清高职业：一个女教师的自白 [J].新动向（29）：16-17.

青石，1925.男女同学的我 [J].妇女杂志，11（10）：1633-1635.

邱良玉，1924.男女同校论 [N].大世界，1924-01-14（2）.

荣稼群，1938.女教师的自省 [J].妇女（7/8）：15.

《上海妇女志》编纂委员会，2000.上海妇女志 [M].上海：上海社会科学出版社.

上海社会科学院经济研究所，1980.荣家企业史料：上册 [M].上海：上海人民出
　　版社.

上海市教育局，1933.上海市教育统计：中华民国二十一、二十二年度合刊 [Z].
　　上海：上海市教育局.

上海特别市教育局，1929.上海特别市教育局检定小学教师规程 [J].上海特别市市
　　政府市政公报（36）：45-46.

《上海职业技术教育志》编纂委员会，2005.上海职业技术教育志 [M].上海：上海社会科学院出版社.

施扣柱，2007.民国时期上海对私立学校的管理模式 [J].社会科学（2）：99-109.

施扣柱，2009.青春飞扬：近代上海学生生活 [M].上海：上海辞书出版社.

思退，1926.提倡女子职业教育之商榷 [J].教育与职业（77）：399-401.

宋钻友，2009.同乡组织与上海都市生活的适应 [M].上海：上海辞书出版社.

宋钻友，张秀莉，张生，2011.上海工人生活研究（1843—1949）[M].上海：上海辞书出版社.

苏国安，2014.南京国民政府时期学校教育政策研究 [M].石家庄：河北教育出版社.

苏青，2009.结婚十年 [M].北京：中国妇女出版社.

汤才伯，1983.近代上海教育的兴起和发展 [J].上海师范大学学报（哲学社会科学版）（3）：132-137.

汤尔和，1925.欧洲诸国人口之减退 [J].妇女杂志，11（10）：1570-1574.

唐，1916.将有女银行员出现 [N].时报，1916-12-20（9）.

唐慎行，1923.男女同校有什么利益 [J].雪片（1）：19-21.

童行白，1935.导言 [J].新女性（创刊号）：6.

屠诗聘，1948.上海市大观 [M].上海：中国图书杂志公司.

万琼华，李霞，2011.20 世纪二三十年代女子职业教育观研究：以《教育与职业》杂志为中心 [J].天津师范大学学报（社会科学版）（1）：40-46.

汪亚尘，2010.四十自述 [M]// 王晓.二十世纪中国西画文献：王济远、汪亚尘.北京：文化艺术出版社：280-289.

王绯，2004.空前之迹：1851—1930：中国妇女思想与文学发展史论 [M].北京：商务印书馆.

王宁，2000.全球化语境下的文化研究和文学研究 [J].文学评论（3）：15-25.

王显恩，1933.一个工人教育机关：沪东公社 [J].教育与民众（3/4）：621-629.

王珍珠，1945.洗涤新生儿 [J].助星医药刊（5）：46.

文子，1948.记一位女教师 [J].妇女，3（2）：12-14.

纹，1939. 小学校里的女教师 [J]. 职业生活，1（2）：13.

向磊，2014. 翻译者，背叛者：评胡缨《翻译的传说：中国新女性的形成（1898—1918）》[J]. 中国图书评论（9）：107-110.

萧蕴玉，1946. 如此学校 [J]. 教师生活（3）：12.

谢娟，2003. 让女性的"口述"重现历史：访"20世纪（中国）妇女口述史丛书"主编李小江 [N]. 文汇报，2003-02-14（15）.

谢筠寿，1911. 助产士应向内地去发展 [J]. 上海市助产士公会一周纪念特刊：4.

谢筠寿，1944. 二十年来吾对于助产教育之杂感 [J]. 助星医药刊（3）：1-5.

谢筠寿，1945. 再论助产教育 [J]. 助星医药刊（6/7）：5-6.

谢筠寿，1946. 助产士真过剩了吗？[J]. 社会卫生，2（5）：10-11.

谢长法，2009. 民国初期的女子职业学校述论 [J]. 职业技术教育，2（25）：70-75.

谢长法，2011. 中国职业教育史 [M]. 太原：山西教育出版社.

谢忠强，刘转玲，2012.20世纪二三十年代上海女性的就业与家庭地位论略 [J]. 西北工业大学学报（社会科学版），32（2）：56-60.

心期，1940. 劳苦功高的女教师 [J]. 上海生活，4（11）：30-32.

忻平，1996. 从上海发现历史：现代化进程中的上海人及其社会生活（1927—1937）[M]. 上海：上海人民出版社.

忻平，等，2012. 危机与应对：1929—1933年上海市民社会生活研究 [M]. 上海：上海大学出版社.

熊月之，2000a.20世纪上海史研究 [J]. 上海行政学院学报（1）：92-105.

熊月之，2000b.1949年以来的海外上海史研究 [J]. 时代与思潮：148-172.

徐华龙，2009. 上海风俗 [M]. 上海：上海文艺出版社.

徐时惠，1926. 小学教师为女子职业中心的我见 [J]. 大夏周刊（28）：14-17.

徐行，1940. 女教师的悲哀 [J]. 中国月刊，3（1）：42-43.

徐雪筠，陈曾年，许维雍，等，1985. 上海近代社会经济发展概况（1882—1931）:《海关十年报告》译编 [M]. 上海：上海社会科学院出版社.

许祖馨，于传璋，陈叔骐，2010. 上海老学堂 [M]. 上海：文汇出版社.

雪华，1931. 理想的女教师 [J]. 妇女时报（9）：16.

岩，1938.女职员（×× 公司通讯）[J].妇女，1（4）：13.

杨鄂联，1930.女子职业教育的我见 [J].教育与职业（114）：15-20.

杨公怀，2006.上海职业界的女职员 [M]// 吴健熙，田一平.上海生活：1937 —
　　1941.上海：上海社会科学院出版社：211-213.

杨洁，2003.先锋女生：中华民国早期上海女子教育 [M]// 李小江.让女人自己说
　　话：独立的历程.北京：生活·读书·新知三联书店：9-160.

杨祥银，2011.当代美国口述史学的主流趋势 [J].社会科学战线（2）：68-80.

杨晓，1995.中国传统女学的终结与近代女子教育的兴起：戊戌变法时期女学思
　　想探析 [J].学术研究（5）：78-82.

姚玳玫，2015.女性的处境和方式 [J].读书（3）：101-109.

叶汉明，2005.妇女、性别及其他：近廿年中国大陆和香港的近代中国妇女史研
　　究及其发展前景 [J].近代中国妇女史研究（13）：107-163.

叶式钦，1939.助产事业之回顾与前瞻 [J].妇女生活，7（11/12）：44.

亦夫，1941.小学教师 [J].妇女界，2（5）：8-10.

佚名，1927a.小学教师联合会呈请备案 [N].时报，1927-05-06（7）.

佚名，1927b.小学教师联合会议记 [N].新闻报，1927-06-01（12）.

佚名，1929.女青年艺术家 [J].妇女杂志，15（7）：5-29.

佚名，1930.女子职业教育：上海女子理发学校招生 [N].中央日报，1930-12-11
　　（2）.

佚名，1936a.二十四年度第二学期全体教职员名单 [J].上海女子中学校刊，2
　　（1）：10-11.

佚名，1936b.上海女教师联合会成立 [N].立报，1936-03-04（3）.

佚名，1945.现任教职员表 [J].助星医药刊（6/7）：23-24.

逸霄，1939.女教师座谈会 [J].上海妇女（3）：4-6.

殷陆君，1985.人的现代化：心理·思想·态度·行为 [M].成都：四川人民出
　　版社.

尹立芳，2010.妇女口述史下的近代女性缠足：书评《让女人自己说话》[J].电影
　　评介（3）：98-99.

英格尔斯，史密斯，1992.从传统人到现代人：六个发展中国家中的个人变化 [M].顾昕，译.北京：中国人民大学出版社.

尤如泰，1945.丁校长 [J].教师生活（2）：12.

游鉴明，2005.是补充历史抑或改写历史？：近廿五年来台湾地区的近代中国与台湾妇女史研究 [J].近代中国妇女史研究（13）：65-105.

喻本伐，郑刚，2022.中国学前教育史料集成：卷一：蒙养院论集 [M].北京：人民教育出版社.

臧健，2009.民国以来中国妇女史研究的反思 [J].北大史学（14）：375-399.

詹詹，1930.关于女子职业的几种论调 [J].生活，5（26）：423-425.

张爱玲，2003a.封锁 [M]// 张爱玲.张爱玲典藏全集：中短篇小说：1943 年作品.哈尔滨：哈尔滨出版社：201-212.

张爱玲，2003b.谈女人 [M]// 张爱玲.张爱玲典藏全集：散文卷一：1939—1947 年作品.哈尔滨：哈尔滨出版社：56-67.

张杰，2015.熟悉的陌生人：明清江南社会才女群体现象的社会学研究 [M].北京：中国社会科学出版社.

张憬，1941.蠢动 [J].万象（4）：97-109.

张仕章，1941.小学教师的婚姻问题 [J].小教生活（9）：5.

张素玲，2007.文化、性别与教育：1900—1930 年代的中国女大学生 [M].北京：教育科学出版社.

张效霞，王振国，2017.效法与嬗变：近代中医创新掠影 [M].济南：山东科学技术出版社.

张允和，2014.张家旧事 [M].北京：生活·读书·新知三联书店.

张忠民，1990.上海：从开发走向开放 [M].昆明：云南人民出版社.

张仲民，2008.新文化史与中国研究 [J].复旦学报（社会科学版）（1）：100-108.

赵红芳，刘世斌，2020.美术教育家刘海粟 [M].太原：山西人民出版社.

赵欣，2010.1843—1937 年的上海女子教育：阶段与特点 [J].华东师范大学学报（教育科学版），28（2）：90-95.

焰祖，1935.我国女教师问题的商榷 [J].女子月刊，3（10）：40-52.

郑朝，郑熔，2011. 国立艺专往事 [N]. 美术报，2011-11-05（64）.

周洪宇，2023. 21 世纪中国教育史学科发展前瞻 [J]. 华中师范大学学报（人文社会科学版），62（5）：175-184.

周娉娉，1939. 学习产科的旨趣 [J]. 大德助产年刊（1）：91.

周予同，2007. 中国现代教育史 [M]. 福州：福建教育出版社.

朱胡彬夏，1916. 二十世纪之新女子 [J]. 妇女杂志，2（1）：1-13.

朱咏和，1943. 和怀孕女教师一夕谈 [J]. 助星医药刊（2）：33-34.

ANDERSON K, JACK D C, 2015. Learning to listen: interview techniques and analyses [M]// PERKS R, THOMSON A. The oral history reader. 3rd ed. Abingdon: Routledge: 179–192.

ANDORS P, 1983. The unfinished liberation of Chinese women: 1949–1980 [M]. Bloomingtan: Indiana University Press.

BOURDIEU P, 1987. What makes a social class?: on the theoretical and practical existence of groups [J]. Berkeley journal of sociology, 32: 1–17.

CROLL E, 1978. Feminism and socialism in China [M]. London: Routledge.

DAVIN D, 1976. Woman-work: women and the party in revolutionary China [M]. Oxford: Clarendon Press.

FEUERWERKER Y-T M, 1982. Ding Ling's fiction: ideology and narrative in modern Chinese literature [M]. Cambridge, Mass.: Harvard University Press.

GILMARTIN C K, HERSHATTER G, ROFEL L, et al., 1994. Engendering China: women, culture, and the state [M]. Cambridge, Mass.: Harvard University Press.

GLUCK S, 1977. What's so special about women?: Women's oral history [J]. Frontiers: a journal of women studies, 2(2): 3–17.

HONIG E, HERSHATTER G, 1988. Personal voices: Chinese women in the 1980s [M]. Stanford: Stanford University Press.

HUNT L, 1989. The new cultural history [M]. Berkeley: University of California Press.

JOHNSON K A, 1983. Women, the family and peasant revolution in China [M].

Chicago: University of Chicago Press.

ONO K, 1988. Chinese women in a century of revolution: 1850–1950 [M]. Stanford: Stanford University Press.

QIAN N X, 2003. Revitalizing the Xianyuan (worthy ladies) tradition: women in the 1898 reforms [J]. Modern China, 29(4): 399–454.

QIAN N X, 2004. Borrowing foreign mirrors and candles to illuminate Chinese civilization: Xue Shaohui's moral vision in the biographies of foreign women [M]// FONG G S, QIAN N X, ZURNDORFER H T. Beyond tradition and modernity: gender, genre, and cosmopolitanism in late Qing China. Leiden: Brill: 60–101.

STACEY J, 1983. Patriarchy and socialist revolution in China [M]. Berkeley: University of California Press.

WOLF M, 1972. Women and the family in rural Taiwan [M]. Stanford: Stanford University Press.

WOLF M, 1985. Revolution postponed: women in contemporary China [M]. Stanford: Stanford University Press.

WOLF M, Witke R, 1975. Women in Chinese society [M]. Stanford: Stanford University Press.

YEH C, 2006. Shanghai love: courtesans, intellectuals, and entertainment culture: 1850–1910 [M]. Illustrated ed. Seattle: University of Washington Press.

YOUNG M B, 1973. Women in China: studies in social change and feminism [M]. Ann Arbor: Center for Chinese Studies, University of Michigan.

ZAMPERINI P, 2003. On their dress they wore a body: fashion and identity in late Qing Shanghai [J]. Positions: Asia critique, 11(2): 301–330.

出 版 人　郑豪杰
责任编辑　赵琼英
版式设计　孙欢欢
责任校对　马明辉
责任印制　米　扬

图书在版编目（CIP）数据

隐约有光：近代上海城市、社会性别与女性职业教育 /
毛毅静，王纾然著 . — 北京：教育科学出版社，2024.6
（教育文化研究丛书）
ISBN 978-7-5191-3750-2

Ⅰ.①隐…　Ⅱ.①毛…②王…　Ⅲ.①女性—职业
教育—研究—上海—近代　Ⅳ.① G719.29

中国国家版本馆 CIP 数据核字（2024）第 026852 号

教育文化研究丛书
隐约有光：近代上海城市、社会性别与女性职业教育
YINYUE YOU GUANG: JINDAI SHANGHAI CHENGSHI、SHEHUI XINGBIE YU NÜXING ZHIYE JIAOYU

出版发行	教育科学出版社		
社　　　址	北京·朝阳区安慧北里安园甲 9 号	邮　　编	100101
总编室电话	010-64981290	编辑部电话	010-64981280
出版部电话	010-64989487	市场部电话	010-64989009
传　　　真	010-64891796	网　　址	http://www.esph.com.cn
经　　　销	各地新华书店		
制　　　作	北京大有艺彩图文设计有限公司		
印　　　刷	北京瑞禾彩色印刷有限公司		
开　　　本	720 毫米 × 1020 毫米　1/16	版　　次	2024 年 6 月第 1 版
印　　　张	12.75	印　　次	2024 年 6 月第 1 次印刷
字　　　数	171 千	定　　价	58.00 元